◎全国教育科学"十三五"规划教育部重点课题（XSP19YBC201）资助

高校人事编制管理研究
——国际经验、发展趋势与中国选择

GAOXIAO RENSHI BIANZHI GUANLI YANJIU
GUOJI JINGYAN FAZHAN QUSHI YU ZHONGGUO XUANZE

◎陈 娟 著

中国矿业大学出版社
China University of Mining and Technology Press
·徐州·

图书在版编目（CIP）数据

高校人事编制管理研究：国际经验、发展趋势与中国选择/陈娟著. — 徐州：中国矿业大学出版社，2023.6

ISBN 978-7-5646-5855-7

Ⅰ.①高… Ⅱ.①陈… Ⅲ.①高等学校－人事管理－研究－中国 Ⅳ.① G647.23

中国国家版本馆 CIP 数据核字 (2023) 第 098443 号

书　　名	高校人事编制管理研究——国际经验、发展趋势与中国选择
著　　者	陈　娟
责任编辑	徐　玮
出版发行	中国矿业大学出版社有限责任公司
	（江苏省徐州市解放南路 邮编 221008）
营销热线	（0516）83885370　83884103
出版服务	（0516）83995789　83884920
网　　址	http://www.cumtp.com　　E-mail：cumtpvip@cumtp.com
印　　刷	湖南省众鑫印务有限公司
开　　本	710 mm×1000 mm　1/16　印张 10　字数 152 千字
版次印次	2023 年 6 月第 1 版　2023 年 6 月第 1 次印刷
定　　价	68.00 元

（图书出现印装质量问题，本社负责调换）

陈　娟　湖南工商大学讲师，爱尔兰都柏林理工大学商学院人力资源管理博士，主要研究方向为高校人力资源管理。立项主持全国教育科学规划教育部重点课题、湖南省自然科学基金、湖南省哲学社会科学基金、湖南省社会科学成果评审委员会、湖南省教育科学规划课题等省厅级以上课题 8 项。参与全国教育科学规划国家课题、中国机构编制管理研究会重点资助课题等省厅级以上课题 7 项。在核心刊物上发表高校人力资源管理相关论文 10 余篇。

前　　言

党的十八大以来，以习近平同志为核心的党中央加快政府职能转变，深化党和国家机构改革，习近平在十九大报告中指出，要进一步深化机构和行政体制改革，特别是要"统筹考虑各类机构设置，科学配置党政部门及内设机构权力、明确职责"，"统筹使用各类编制资源，形成科学合理的管理体制，完善国家机构组织法"。2018年2月，十九届中央委员会三次会议提出党和国家机构职能体系是中国特色社会主义制度的重要组成部分，是我们党治国理政的重要保障。机构和职能是人事编制管理的核心内容，政府机构改革中的"三定"，即定编、定员、定责，其中的"定编"，即指人事编制。当前各行各业、各单位各部门致力于加强机构建设，以此激发各行业、各单位的活力，提高治理能力。

高校是我国机构改革推进的重要领域之一，为了顺应"加快经济结构优化升级"的大浪潮，"发展教育事业、加快教育现代化、建设教育强国"，高校迫切需要改革高校编制及岗位管理制度，进行系统减负、简除烦苛的优化设计，完善中国特色现代大学制度。

高校人事编制管理是国家对高等教育人力资源的宏观调控和计划配置，也是高校自身对人力资源的配置和结构优化，它是高等教育管理的重要基本内容。目前我国高校的人事编制管理严重束缚了高校人力资源管理的活力，产生了诸多问题，如机制僵化导致效率低下、阻碍人员流动、抑制竞争；"身份"区分待遇导致部分教职员工行为扭曲、衍生不公等，迫切需要进行深入改革。

本研究从高校人事编制管理相关概念的界定出发，借鉴国际经验，遵循现代大学制度发展趋势，从问题着手，以理念为指导，在立足于中国实情的前提下，做出正确的选择，最终构建以激励为目标的高校人事编制管理策略体系。

　　本研究具有三个特点：第一，学术思想独特。脱离问题的研究，容易陷入空谈；忽视趋势的研究，将以现实功利为基本尺度，使改革失去内在持久动力；忽略人事编制管理终极目标——激励的研究，更将失去方向。本研究从现状与问题出发，学习西方发达国家高校的先进理念，遵循现代大学制度发展趋势，最终构建以激励为目标的高校人事编制管理策略体系。第二，学术观点鲜明。本研究提出高校人事编制管理改革首先必须理清理念和思想，即为什么改、改什么、怎么改，需要一个准确的定调；并指出高校人事编制管理改革应在充分了解国外高校先进的范式、经验和问题下，将视野聚焦到我国高等教育的实情，高校的实际以及高校人事制度的事实上，在多种可能性中如何做出理性的选择；高校人事编制管理应结合当前问题与发展趋势，将人事编制管理作为一种手段，建立激励机制。第三，研究方法多样。本研究采取：①归纳与演绎相结合。梳理与归纳我国高校人事编制管理历史、现状及问题，分析高校人事编制管理的发展趋势，演绎解决包括规模、结构、程序、激励等四方面问题的高校人事编制管理的策略体系。②定性与定量相结合。既有通过访谈等手段进行的探索性、诊断性和预测性的高校人事编制管理策略构建的定性研究，也有通过问卷（答案用数字表达）的方式而进行的高校人事编制管理策略成效验证的定量研究。③案例分析与比较研究相结合。以部分高校为例，进行案例分析，并借鉴国外高校教师管理的具体实施方案，为高校人事编制管理提供经验借鉴。

　　本著作还受到了湖南省自然科学基金面上项目（2021JJ30191）、湖南省社会科学成果评审委员会课题（XSP19YBC201）、湖南省教育厅科学研究项目（22C0351）资助。

目　　录

第一章　高校人事编制管理概念及相关理论 ··················· 1
　　第一节　高校人事编制管理概念 ······························· 1
　　第二节　国内外高校人事编制管理研究现状 ··················· 5
　　第三节　高校人事编制管理的研究背景及意义 ················· 8

第二章　高校人事编制管理历史沿革与当前现状 ··············· 9
　　第一节　高校人事编制管理历史沿革 ·························· 9
　　第二节　高校人事编制管理现状与问题——以湖南省为例 ······ 13

第三章　高校人事编制管理国际经验 ·························· 24
　　第一节　国外教师管理简述 ·································· 24
　　第二节　美国教师管理制度 ·································· 33
　　第三节　国外教师管理的经验借鉴 ···························· 39

第四章　高校人事编制管理中国选择以及发展趋势 ············· 44
　　第一节　高校人事编制管理中国选择 ·························· 45
　　第二节　高校人事编制管理发展趋势 ·························· 55

第五章　高校人事编制管理激励机制探索 ····················· 59
　　第一节　高校教师工作心理需求的构建与验证研究 ············ 61
　　第二节　高校人事编制管理、教师绩效、工作心理需求关系研究 ···· 82
　　第三节　高校人事编制管理、教师绩效、组织环境关系研究 ······ 92

第六章　高校人事编制管理的策略建议 ··· 104

结论 ··· 110

参考文献 ··· 113

附录 ·· 129

　　附录1　湖南省某高校机构设置一览表 ······································· 129

　　附录2　《中共中央　国务院关于全面深化新时代教师队伍建设改革的
　　　　　　意见》 ··· 131

　　附录3　关于高校人事编制管理现状的问卷调查（1） ···················· 143

　　附录4　关于高校人事编制管理现状的问卷调查（2） ···················· 145

　　附录5　高校人事编制管理激励机制探索问卷 ······························ 150

第一章　高校人事编制管理概念及相关理论

第一节　高校人事编制管理概念

一、编制、编制管理与高校人事编制管理

编制,《现代汉语词典》(第7版)中作为名词是指"组织机构的设置及其人员数量的定额和职务的分配等"。广义的编制是指各种机构的设置及其人员数量定额、结构和职务配置;狭义的编制即人员编制,是指为完成组织的功能,经过被授权的机关或部门批准的机关或单位内部人员的定额、人员结构比例及对职位(岗位)的分配。

编制最早可以追溯到周朝,据《尚书·立政》记载,东周与西周对中央地方各级官员的名称与司职有着详细的说明。为保证中央高度集权,秦朝建立了国家机构编制管理制度,目前普遍认为秦王朝这种名为官制的国家机构编制就是我国最早、最完善的人事编制管理制度。随着历史的推进,各个朝代的官制都有新的发展与完善,如西汉以后发展形成、隋朝正式确立、唐朝进一步完善的三省六部制,魏晋南北朝时期的九品中正制,明朝的中书省制,清朝的九品十九个级官制等,应该说这些不同封建王朝时期的官制仅限于官员机构的架构、人员额定和安排,局限于特定领域。当今人事编制管理是我国特色社会主义制度特有的现象,已超越政府部门与行政单位,扩展到事业单位或一些社会组织中。

本研究涉及的领域是高等院校,是事业单位的一种,即为国家创造和改善

生产条件，促进社会福利，满足人民文化、教育、卫生等需要，其经费由国家事业费开支的单位。高校人事编制管理，是根据经济和社会发展的需要，以高等教育发展的内在规律为基础，结合高校教学、科研、为社会服务三项工作的特点，根据所属各级教育主管部门的具体规定，对高校内部人员的数额进行微观控制，设计人员结构比例，并对所有的职位（岗位）进行合理的匹配，根本目的是对高校的人力资源及其成本实施控制，从而实现在经济层面和行政管理层面的宏观指导。

二、高校人事编制管理的含义

高校人事编制管理主要包含以下三层含义。

（1）高校人事编制管理作为我国特色社会主义制度特有的现象，是国家对高等教育人力资源的宏观调控和计划配置，是高等教育管理的重要基本内容。国内的研究强调了高校人事编制管理的这一特性：左崇良等（2017）认为，教师编制管理是一项政策性很强的工作，反映了国家的教育发展战略需求；李春艳（2009）提出，落实科学发展观，积极探索符合国情的编制管理办法，提高高等教育质量和办学效益；杨勇志（2004）指出，高校人事编制管理是全国各类高校的人力资源配置，目标应建立与完善以市场相适应的科学化、规范化全国高校编制管理体制，优化我国高校人力资源的配置，深化我国高等教育体制改革。

（2）高校人事编制管理作为高校组织的人力资源规划，是高校自身对人力资源的配置和结构优化。人力资源规划是为未来储备人才、保持人才的差异性、提供高深技术和知识的人才、战略规划的一部分。关于高校人事编制管理的人力资源规划功能，欧金荣等（2009）提出，科学合理地进行编制核定和岗位设置管理是建设一支结构合理、精干高效、充满活力的人才队伍的关键；陈钰萍（2005）概括了高校人力资本的基本特征，并从人力资本理论与高校现实两个方面剖析了高校人事管理改革方向。

（3）本研究认为，高校人事编制管理超越国家宏观调控与学校微观规划的属性,具有更深层次的含义,即高校人事编制管理本身作为一种激励手段,具有激发员工产生优秀绩效的功能。一方面,通过"事业编制"这一身份属性与身份认同,激发高校教师的归属感,使教师产生使命感和职业自豪感;另一方面,通过人事编制管理分级分类的动态管理,使教师在身份跨越中不断成长,实现自身发展的长远目标,从而最终激发教师工作的积极主动性。

三、高校人事编制管理与企业人力资源规划比较

人力资源规划(Human Resource Plan,HRP)是指"为实施企业的发展战略,完成企业的生产经营目标,根据企业内外环境和条件的变化,通过对企业未来的人力资源的需要和供给状况的分析及估计,运用科学的方法进行组织设计,对人力资源的获取、配置、使用、保护等各个环节进行职能性策划,制定企业人力资源供需平衡计划,以确保组织在需要的时间和需要的岗位上,获得各种必需的人力资源,保证事(岗位)得其人、人尽其才,从而实现人力资源与其他资源的合理配置,有效激励、开发员工的规划"。

综合高校人事编制管理与企业人力资源规划两者的概念,它们的基本职能一致,都是人力资源管理中最基础的环节,直接影响着人力资源管理的其他环节能否顺利运行和组织目标能否实现。但是高校人事编制管理是从我国计划经济时代沿袭下来的,具有显著的中国特色,其功能更加广泛,内涵更为复杂,具体如下。

(一)范畴不同

不同于企业是自身组织内部对人力资源的统筹规划、合理安排,高校人事编制管理涉及的范畴更为广泛,包含国家层面对高等教育资源的分配以及各级政府对地方高校教育资源的分配。

(二)性质特征不同

作为非盈利机构的公共部门,高校与盈利机构的企业有着性质上的差异,主要体现在以下三点:

第一，高校人事编制管理战略目标更为模糊，高校的任务是教育教学培养人才、科学研究促进发展、全方位为社会服务，这样的目标具有一定的模糊性，与企业人力资源规划的清晰明确目标大为不同。

第二，模式上具有差异，表现在高校人事编制管理成本控制更加宽松，成本意识弱，成本管理相对落后，造成一定程度的人力资源管理效率不高甚至浪费。

第三，相对于企业来说，高校人事编制管理的主体更为复杂，不仅包括高校的管理层，还包括中央和各级政府相关主管部门，导致高校对于人事编制管理的自主性较低，容易造成决策滞后，各方面难以协调。

（三）手段与方法不同

近几年，尽管高校借鉴企业人力资源管理理论对人事编制进行科学管理，然因其沿袭计划经济时期的人事档案管理，管理手段和方法缺乏科学性，具体如下：第一，过于强调管理的控制功能，不灵活。第二，人事编制管理独立于其他管理，缺乏与其他环节的衔接，没有形成完整的协调体系。第三，方式刻板，不能适应不断变化的动态环境。

（四）着重点不同

尽管高校人事编制管理与企业人力资源管理两者都在探索如何建立人力资源管理的长效机制和协调机制，然而高校人事编制管理更注重国家政府及相关部门的目标，指令性计划的特征较为突出；相对企业人力资源规划围绕企业现行的活动与短期目标，高校人事编制管理目标更为宏大，在长远规划与短期计划中更倾向于前者。

第二节　国内外高校人事编制管理研究现状

西方国家的高等教育历经数百年演变发展，已经形成较为完善、成熟、丰富的教师管理体系。例如，德国建立了"大学授课资格制""编外讲师制"和"讲座教授制"相结合的教师制度体系；美国采取以"非升即走制"和"终身教职制"为核心的教师人事制度等。这方面的相关研究成果非常可观，比如，宏观上集中于"学术自由与经济理性中如何平衡"，Conard 等（2000）提出，学术自由在现代德国大学中的地位无可置疑，它是教师制度建立与变迁的依据；Glazer（2012）提出，筛选体系与流动机制能使学术劳动力市场的竞争异常激烈，从而保证了整个学术市场的高水准。自20世纪60年代以来，研究者逐步转向教师人事管理微观层面上：学术自由与经济效率兼顾中如何保证公平、质量、管理。研究热点主要有：①教师聘任制。Ghosh 等（2010）指出，教师聘任上不断增加成本低廉的兼职教师是一次"缄默的新的学术革命"，提出将教师分化为终身教职制、可续约合同制和临时雇佣制。②岗位设置。宾夕法尼亚大学教师职位设置主要依据社会和学科发展需要、可能提供的经费、历史的因素；③教师发展。Newman 等（1979）提出了高校教师发展理论，构建教师发展模型；④考评、薪酬、激励。Auriol 等（2016）提出将工作绩效评价用于薪酬和终身教职激励。

国内的研究主要体现在宏观层面上，即"取消编制与强化编制之争"。"取消"派认为编制管理制约教师合理流动，阻碍高校自主管理和自由发展（李立国，2016）；"强化"派认为编制管理便于宏观调控和规划，有利于资源合理配置和利用（杨勇志，2004；田罡 等，2012）；更多学者认为取消高校教师编制的前提条件不成熟，如若盲目取消必将损害教师权益，陷入混乱局面（李志锋 等，2013；田贤鹏，2017）。部分学者提出建设现代大学制度，完善大学内部治理结构，迫切要求加快高校人事制度改革步伐（管培俊，2014）。很多学者提出微观层面上围绕几个关键问题进行编制管理改革。①教师聘任制。刘鸿（2014）提出，聘任的分层一方面有利于资源的优化配置，另一方面也带来了关于平等、管理、质量等问题。王喆等（2015）提出，我国应建立以岗位分类为基础的多元化灵活的人事聘用制度；程军（2001）提出，建立并逐步推行教育职员制度；吴高华（2015）认为，随着国家事业单位分类改革的推进，学校的法人性质出现了新的变化，应该对教师聘任制进行重构。②人事管理法规建设。包万平等（2019）提出，引入公务法人制度，通过修法等方式确立高校的公务法人地位，这对推动包括取消教师事业编制等在内的高等教育综合改革有积极作用；陈梦迁（2010）认为，随着市场经济体制及其观念的发展，我国高校与教师的法律关系从身份关系向契约关系转变，实质为行政合作法律关系。③岗位设置。曾雄军（2011）提出，岗位设置应解决如岗位设置与人事制度改革之间关系等几个关键问题；王金友等（2014）提出，在高校教师岗位分类管理改革中，应遵循确保教师岗位的竞争性与教师职业的自主性有机结合。④考核、薪酬与晋升。胡中锋（2002）提出，高校人事管理向人力资源管理转轨，健全分配激励机制，形成人才合理流动的机制，开展绩效评估；刘伟等（2013）提出，树立人力资源是第一资源的观念，提出改革分配制度，强化激励机制等手段；很多学者围绕着我国高校教师职称评审为主的教师晋升制度进行研究（朱正奎，2019；叶芬梅，2009）。⑤分类管理。赖云云等（2010）把北京大学和浙江大学作为综合性研究型大学人事分类管理的典型案例加以分析，以探讨我国学术职业分层变革的内外部原因；乐园罗等（2015）以浙江大学为个案，分析实施分类管理4年来高校教师对这项改革的理念目标等认可状态及行动体现状况。

本研究认为，编制是"组织机构的设置和人员定额、职务分配等"，是人力资源管理不可缺少的一项职能，摈弃编制肯定是不科学的，需要在保留编制的前提下，对人事编制管理进行改革。同时，高校人事编制管理作为我国社会主义制度的特有现象，具有浓厚的中国特色，在计划经济向社会主义市场经济转变中，产生了诸多问题，面临着许多挑战，迫切需要理清思路、明确方向、解决问题。

目前的研究需要从以下三点完善：

（1）基调的明确。李萍（2005）从价值澄清的三个阶段——选择、珍视和行动来说明改革不是与人性基本需求相悖的"打破铁饭碗"，而是使学校的人力资源得到合理调配及管理；蔡连玉（2014）认为，改革是单位身份人向社会契约人的身份变革；李志锋（2013）提出，创新高校人事编制管理制度，确立高校教师作为学术人的职业身份属性。各种研究在探索高校人事编制管理改革的理念和思想，但为什么改，改什么，怎么改，并没有一个准确的定调。

（2）国外经验与中国实情的结合，做出中国选择。关于国外高校教师制度的研究较多，如法国现代大学制度以"自治、参与、多学科"为指导原则（高迎爽，2012）；英国高校在人力资源管理理念发展、组织结构变迁、职能领域扩张、战略地位提升和专业化发展等方面取得了巨大成就（袁庆林 等，2012）；德国教师管理制度充分融合了经济理性与学术自由（陈艺波，2009）。在没有充分了解国外高校先进的范式、经验和问题下，将视野聚焦到我国高等教育的实情、高校的实际以及高校人事制度的事实上，在多种可能性中如何做出选择是当前研究的重点。

（3）解决当前问题与顺应发展趋势的契合，以终极目标为归宿。很多学者（李春艳，2009；辛春晖，2012；刘大卫，2016）针对我国高校人事编制管理中出现的问题提出对策，也有学者（徐庆国，2016；胡碧蓝，2013；化振勇，2015）从不同视角探讨了我国高校人事编制管理的未来发展趋势，但关于结合高校人事编制管理当前问题与发展趋势，将人事编制管理作为一种手段，建立激励机制的研究没有。

综上，本研究从高校人事编制管理相关概念的界定出发，借鉴国际经验，遵循现代大学制度发展趋势，从问题着手，以理念为指导，在立足于中国实情的前提下，做出正确的选择，最终构建以激励为目标的高校人事编制管理策略体系。

第三节　高校人事编制管理的研究背景及意义

如何激励员工一直是组织人事管理的关键问题，无论是盈利机构还是公共部门。我国高校作为事业单位，具有非营利性、准公共产品和知识性员工的特点，这导致了其人事管理的独特性。人事管理在我国大学治理中起着至关重要的、不可替代的作用。教育组织的成功基本上取决于人力资源的质量和人员的有效管理。因此，明确高校人事编制管理的基本机制，激励教师并充分发挥其潜力，显得尤为重要。

本研究立足于高校教师的人性需求，从社会人口学因素、人格因素、组织环境因素等分析其对激励导向的人事编制管理体系的影响，在丰富和深化人事编制管理研究的同时，进一步推进对高校人事编制管理激励功能内在机制的了解，对高校人事编制管理制度的改进与创新有着重大的现实意义，对完善中国特色现代大学制度、如期实现教育现代化，具有深远的战略意义。

理论上，基于高等教育学、人力资源管理学、教育经济学等多角度，探析高校人事编制管理的激励功能的动因、逻辑及运行规律，进一步丰富了高校人事编制管理的理论研究视角。

实践上，从分析高校教师的需求入手，以实证为依据，将人口社会因素、人格因素、组织环境因素三个研究变量整合应用于激励导向的高校人事编制管理体系的构建，全面揭示高校人事编制管理激励功能的实质；基于结构方程模型，结合探索性因子与验证性因子分析方法，对构建激励导向的高校人事编制管理体系的正确把握提出了重要分析手段；为激励型的高校人事编制管理策略的制定提出了详实可行的咨询建议，为高校教师队伍建设与培养建立了可持续再生的长效机制。

第二章 高校人事编制管理历史沿革与当前现状

第一节 高校人事编制管理历史沿革

我国高等教育在投入主体、学术权力等方面与国外高等教育有着显著的不同，探究我国高校人事编制管理的独特性，明确高校人事编制管理改革的方向，首先应理清我国高校人事编制管理的历史沿革。本节将从中华人民共和国成立以后，不同时期人事编制管理呈现出的不同的特点进行分析。

一、第一阶段：新中国成立初期"立、控、应"

1950年，全国各级编制管理委员会成立，对机构、编制实行统一管理。1950年6月，为克服财政困难，遵守毛泽东关于"国家机构所需经费大量节减"的指示，政务院发出了《关于统一全国各级人民政府党派群众团体员额暂行编制（草案）》，明确提出并开展"紧缩上层，充实基层"的整编工作。据此，1953年1月13—24日，当时的政务文化教育委员会在北京召开大区文教委员会主任会议，提出文教工作的方针是"整顿巩固、重点发展、提高质量、稳步前进"，强调组织机构应力求精干，层次要减少，人员要精简。1956年5月3日，教育部发出指示，精简机构，减少非教学人员，提高工作效率，是改进学校领导工作的一个重要环节。许多地方政府还制定了教育系统的编制标准。1965年，上海市教育局颁发了《普通教育、师范学校及小学编制标准的试行草案》，严格规定了不同规模学校行政领导、教师和工勤人员等教职工的编制比例。

新中国成立初期，我国教师处于严重缺编状态。1949年，我国各级各类学校教职工总数不到100万人。在此条件下，国家及各级教育主管部门颁布有关教职工编制管理的文件，加强学校科学管理，对提高教育质量和工作效益起到了积极作用。但是到了50年代末，师资短缺，原有的编制标准只是对合格的教师而言，而对因生源急剧扩大而被迫补充的大批未经培训合格的教师只是数量的弥补。

这个阶段人事编制管理的特点是"立、控、应"。当时百废待兴，各种规章制度的建立，都要通过国家法规的制定来实现约束与规范，还要依靠行政权威，借助行政手段，直接指挥和调控。值得一提的是，由于规章制度本身与实际情况具有一定的差异，因而缺乏稳定性，致使突发问题时采取应急处理，导致急功近利。例如，一方面受财力限制，必须精简教职工队伍；而另一方面因教育事业的发展，又要增加教职工人数，造成一方面要精简合格教师，另外又要补充大批"短期培训"的教师的不正常局面。

二、第二阶段："大跃进"及"文化大革命"时期"整、停、乱"

由于"大跃进"的"左"倾盲动及反右扩大化造成国民经济的严重混乱和比例失调，生产力受到很大破坏。为扭转这种局面，1961年党中央和国务院决定对国民经济实行"调整、巩固、充实、提高"的八字方针，与之相适应，开始了新中国成立以来第三次较大规模的机构改革，这次改革致使许多教师被精简回乡务农，清华大学精简2 000多人，北京大学精简2 000多人，北京师范大学精简900多人。1961年，教育部的调整会议规定了按班级定额、定员的方法，即规定小学师生比1∶35，每班1∶22人；初中每班2∶25人；高中每班2∶6人。

"文革"中，编制管理工作基本处于中断状态。1970年6月，国家编制委员会撤销，编制工作由国务院直接管理。学校的教职工编制管理遭到严重破坏，大多高等院校处于停办状态，中师和高师停办以后，大中城市中小学教师的补充相当一部分来自街道和其他系统，进入中小学的教职工不受编制的限制，统称代课教师，而农村和县镇则录用了大量的民办教师，导致整个教师队伍的大量超编,也导致"文革"之后师资的专业学科、年龄结构和地区分布不平衡。

这个阶段人事编制管理的特点是"整、停、乱",大跃进时期国民经济受到严重破坏,在难以为继的情形下,国家采取压缩编制、节约财政开支等措施,这种直接的、垂直的、强制的管理,完全缺乏普遍性和持久性。"文革"时期的编制工作处于停滞与混乱状态,为改革开放初期之后的教师编制工作带来了很多难度,埋下了超编的隐患。

三、第三阶段:改革开放时期"改、放、进"

（一）初探期（1982—1992年）

1985年颁发制订了《普通高等学校人员编制的试行办法》,这是1949年以来对高等院校教职工编制标准的一次最为详尽的规定,由于积重难返,这部编制法规并没有得到很好的贯彻实施。

（二）推进期（1992—2000年）

1992年党的十四大提出,按照机关、企业和事业单位的不同特点,逐步建立健全分类管理的人事制度,事业单位改革进入实质性阶段；1993年10月1日,《国家公务员暂行条例》和机关、事业单位工资制度改革同时实施,机关、事业单位的同一工制度被打破,事业单位人事制度逐步成为具有相对独立性的人事制度体系；1996年,中共中央办公厅颁布了《中央机构编制委员会关于事业单位机构改革若干问题的意见》,这是党和国家就事业单位改革下发的第一个专门文件。2000年,中共中央办公厅印发《深化干部人事制度改革纲要》,制定了2001—2010年深化干部人事制度纲要。《深化干部人事制度改革纲要》提出,事业单位人事制度改革要"以推行聘用制和岗位管理制度为重点,逐步建立适应不同类型事业单位特点的人事管理制度"。

（三）深化期（2001—2011年年底）

2001年开始,原人事部相继出台了聘用制、公开招聘、收入分配、岗位设置等一系列规章制度,确定了符合事业单位特点、体现岗位绩效和分级分类管理要求的岗位绩效收入分配制度，全面推行公开招聘、竞争上岗；2006年颁布《事业单位岗位设置管理试行办法》，这是事业单位首次开展岗位设置和岗位聘用；2010年中央下发《国家中长期人才发展规划纲要（2010—2020年）》发布，在体制机制创新中对事业单位人事制度改革工作提出明确要求；2011年，《中共中央、国务院关于分类推进事业单位改革的指导意见》和相关配套改革文件印发，事业单位改革第一次有了自己的顶层设计和系统谋划。

（四）开放期（2012年至今）

党的十八大以来，我国加快政府职能转变，推出了一系列改革创新举措。党的十八大四中全会提出，全面推进依法治国。2014年颁布的《事业单位人事管理条例》，对事业单位的岗位设置、公开招聘和竞聘上岗、聘用合同、工资福利和社会保险等方面作出具体规定。

这个时期人事编制管理的特点是"改、放、进"。改革开放以来，随着我国社会主义市场经济的发展，高等教育的资源配置面临着巨大挑战，现有的人事编制管理制度严重束缚了高校人力资源管理，迫切需要改革。这个时期很多学者和管理者开展了诸多理论与实践研究。有的高校依托政府购买服务模式，发挥市场机制作用，并通过加强事业单位的内外部监督，实现公共服务的结构优化、质量提高和效率提升；有的高校形成了具有自身特色的分类管理制度，优化组合，并实行聘任制；有的地方政府借鉴国外成熟做法，强化高等学校的社会独立法人地位，弱化高等学校的部门所有制，扩大高等学校的独立自主权，在人事编制管理上给予高校很大的权力。2015年，中共北京市委办公厅印发的《关于创新事业单位管理加快分类推进事业单位改革的意见》规定，对现有高等学校、公立医院等，逐步创造条件，保留其事业单位性质，不再纳入编制管理。

第二节　高校人事编制管理现状与问题
——以湖南省为例

一、高校人事编制管理现状与问题

湖南省高校人事编制管理现状与存在的问题。

（1）规模性问题，即高校总体的规模（主要是指人员方面）特别是专任教师的人数总量能否保障高校三大任务的实现。

（2）结构性问题，即高校内部结构是否严密，既包括人员整体结构（专任教师、教辅人员、行政人员、工勤人员的组成）与专任教师内部结构（学科、专业、职称的组成）是否科学、合理，又包括组织机构的设置是否精简、协调、有效率。

（3）程序性问题，即在人事编制管理运行中，法规是否完善，决策程序是否高效优化，管理实践办法的选择是否科学，整个人事编制管理系统是否具有活力。

（4）激励性问题，包括岗位设置能否充分考虑教师的个性特征，实现人职匹配，全面激发高校教师的积极性；职位与职级晋升通道是否通畅，激起高校教师的动力；以编制为激励基础的人事编制管理，有无形成高校教师从追求身份到追求声誉的校园文化，是否有利于开发教师潜能，助力教师发展；整个人事编制管理系统最终是否提高了员工的任务绩效与关系绩效。

本研究通过以下方法来完成本次湖南省高校人事编制管理现状调查。

（1）文献查阅法。从各年度湖南省统计年鉴中，获取十余年湖南省高校人员规模及结构的基本情况；从湖南省教育政府主管部门、各高校人事管理部门，获取各级各类编制管理条例法规等；从各高校网页获取机构设置基本情况。

（2）访谈法。选取湖南省具有代表性的几所高校，通过访谈学校高层管理人员、人事部门中层管理人员、一线教职员工，了解机构与岗位的设置、人事编制管理法规章程的执行、决策机制的设计、编制管理的实行状况的基本情况。

（3）问卷法。通过向湖南省各大高校的教职员工全面发放问卷，了解湖南省高校人事编制管理程序性与激励性等相关问题。

本研究向湖南省多所高校教职员工共投放问卷351份，回收有效试卷350份，其中，211或985高校占18.91%，地方一本高校占25.79%，地方二本高校占31.52%，地方一本高校占23.78%；年龄在25~35岁的占28.37%，35~45岁占54.44%，45~55岁占15.47%，55岁以上占1.72%；职称为教授占8.88%，副教授占33.52%，讲师占45.85%，助理讲师占5.73%，其他占6.02%；学历为博士及以上占26.93%，硕士占60.46%，本科占12.61%。问题设计采用李克特七级量表，从非常不符合到非常符合7个等级，如附录3所示，表中非常不符合选项为1、2，符合为选项3、4、5，非常符合为选项6、7。

（一）规模

1. 总数

如图2-1所示，2021年，湖南省高校总体教职工人数由2011年的89 744人持续增加到112 068人，其中，专任教师从2011年61 156人持续增长到2021年的82 332人；2011—2016年，行政人员在13 099~13 372人之间波动，2017年达到小高峰13 776人，之后的三年保持在10 000人以上，2021年达到14 803人；2011—2020年，教辅人员人数一直在9 000人左右波动，2021年达到10 000人以上；工勤人员人数持续下降，从2011年6 283人下降到2021年的4 861人。由此可见，湖南省高校总体教职工人数不断上涨，但上涨幅度小于高校学生增长的幅度。

2. 师生比

如图2-2所示，湖南省普通高校平均每一专任教师负担的学生从2011年的17.46人逐年持续上升至2021年的23.04人。中等职业学校与普通中学平均每一专任教师负担的学生逐年下降，其中，中等职业学校从2011年的27.64人逐年下降到2021年的19.93人。普通中学从2011年的16.41人逐年下降到2021年的

13.52人，降幅不大。普通小学2011—2021年的前期有一些波动，2016年之后逐年下降，到2021年仅有17.04人，由此可见，相对于其他层次的学校，湖南省高校平均每一教职工负担学生明显在上升，且上升幅度较大。

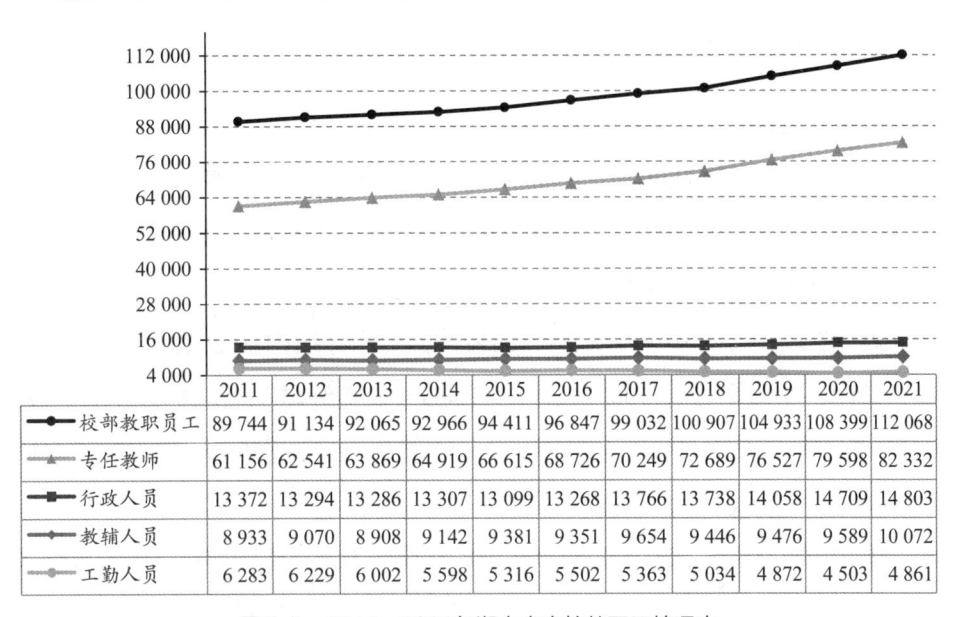

	2011	2012	2013	2014	2015	2016	2017	2018	2019	2020	2021
校部教职员工	89 744	91 134	92 065	92 966	94 411	96 847	99 032	100 907	104 933	108 399	112 068
专任教师	61 156	62 541	63 869	64 919	66 615	68 726	70 249	72 689	76 527	79 598	82 332
行政人员	13 372	13 294	13 286	13 307	13 099	13 268	13 766	13 738	14 058	14 709	14 803
教辅人员	8 933	9 070	8 908	9 142	9 381	9 351	9 654	9 446	9 476	9 589	10 072
工勤人员	6 283	6 229	6 002	5 598	5 316	5 502	5 363	5 034	4 872	4 503	4 861

图2-1　2011—2021年湖南省高校教职工情况表

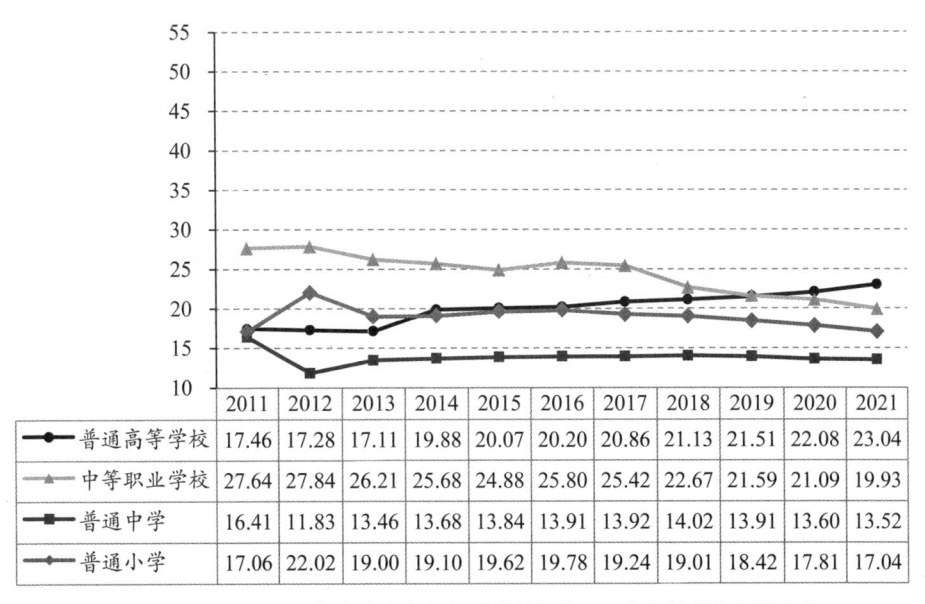

	2011	2012	2013	2014	2015	2016	2017	2018	2019	2020	2021
普通高等学校	17.46	17.28	17.11	19.88	20.07	20.20	20.86	21.13	21.51	22.08	23.04
中等职业学校	27.64	27.84	26.21	25.68	24.88	25.80	25.42	22.67	21.59	21.09	19.93
普通中学	16.41	11.83	13.46	13.68	13.84	13.91	13.92	14.02	13.91	13.60	13.52
普通小学	17.06	22.02	19.00	19.10	19.62	19.78	19.24	19.01	18.42	17.81	17.04

图2-2　2011—2021年湖南省各级各类学校平均每一专任教师负担学生数

师生比紧张一直是中国高校教育资源不足的表象，也是高校提升人才培养质量的困境之一。近几年高校经过多方努力，如加大引入师资力量、外聘兼职教师等，但是由于扩招等原因带来生源的急剧上涨，导致这一局面仍未有所转变，师生比仍处于失调状态。

（二）结构

1. 人员结构：整体构成与专任教师职称、学历、学科结构

随着高校机构人事改革的深入开展，各级高校对教职工结构进行了调整，工勤人员减少，专任教师与教辅人员逐年递增。

如图2-3所示，2016年，湖南省高校教师的职称结构主要有副高与中级职称，其中，中级最多18 790人，副高14 569人，初级与正高职称分别为2 591人和7 787人，还有4 149人无职称；专业结构上，工学排第一，具有专任教师12 910人，文学6 057人，理学5 492人，农学1 077人。

近几年来高校专任教师的职称和学历结构发生了较大的变化，由于各级高校积极引进与加大力度培养，高职称、高学历的人员越来越多。

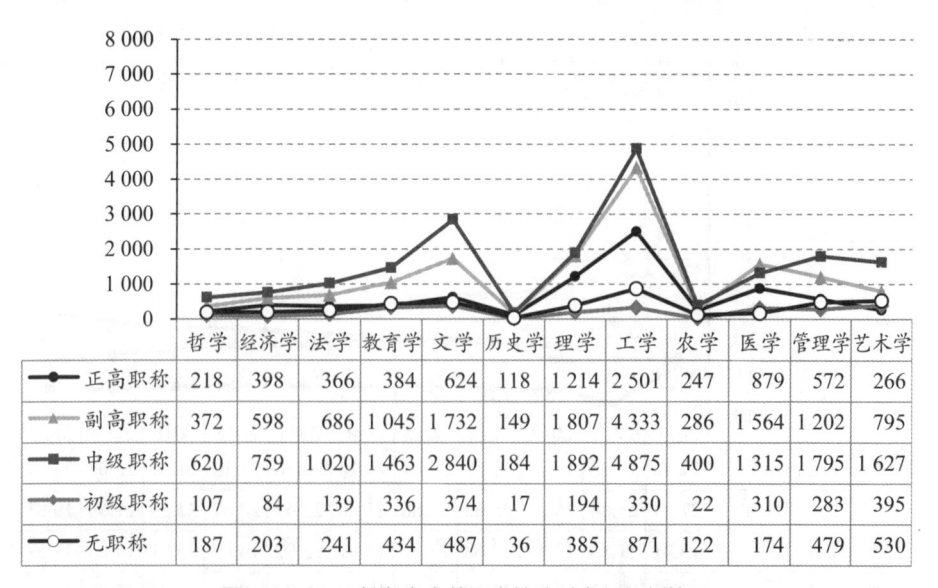

	哲学	经济学	法学	教育学	文学	历史学	理学	工学	农学	医学	管理学	艺术学
正高职称	218	398	366	384	624	118	1 214	2 501	247	879	572	266
副高职称	372	598	686	1 045	1 732	149	1 807	4 333	286	1 564	1 202	795
中级职称	620	759	1 020	1 463	2 840	184	1 892	4 875	400	1 315	1 795	1 627
初级职称	107	84	139	336	374	17	194	330	22	310	283	395
无职称	187	203	241	434	487	36	385	871	122	174	479	530

图2-3　2016年湖南省普通高校分科专任教师情况

2. 组织结构：机构与岗位设置

参照湖南省几所高校，机构设置基本相似，几乎都以党政管理机构、党政团组织、教辅直属机构、教学院部为四大块，具体如附表1（湖南省某高校机构设置一览表）所示。

纵观这些高校的机构和岗位设置，相对于企业多种组织架构形式如直线制、职能制、直线职能制、矩阵制等来说，高校更为保守、单一，基本以教学为中心，结合事业单位的事务特点与需求，设置岗位，整体做到了事职相符，然而还是有以下不足之处：

第一，综合化程度不高，部分职能类似的部门完全分离，不能保证组织运行的流畅性和效率性。

第二，由信息化带来的组织结构扁平化和精简化的特点在机构设置中没有很好地体现。

第三，机构重合、因事临时设岗的问题在各大高校中普遍存在。

（三）程序

1. 法规章程

高校人事编制法规是建立在高校章程之上的。高校章程是高校内部治理的基本法，连接着教育法律法规与高校内部规章制度，许多高校特别是公立高校加快了章程建设步伐。目前大部分部属公立高校章程已通过教育部核准，一些地方公立高校章程也已通过省级教育行政部门核准并正在实施（谭正航，2015），但是我国公立高校章程建设普遍存在对实施机制缺乏规定或不完善、政治权力和行政权力界限不明等问题（庄晨忠，2018）。

关于湖南省高校具体的人事编制管理法规，调查结果如表2-1所示，"对学校的人事编制管理法规非常熟悉"，24.6%的受访者认为非常不符合，只有14.8%的受访者认为非常符合；"学校人事编制管理法规完善和科学实施"，17.7%的受访者认为非常不符合，15.4%的受访者认为非常符合，这两个问题的均值都非常低，只有3.83与4.03。

表2-1 湖南省高校人事编制管理程序性问题的总体状况

项目		M±	频度/% 非常不符合	频度/% 符合	频度/% 非常符合
法规章程	对学校的人事编制管理法规非常熟悉	3.83±1.654	24.6	60.6	14.8
法规章程	学校人事编制管理法规完善和科学实施	4.03±1.535	17.7	66.8	15.4
决策机制	人事编制管理的决定权在于政府主管部门，审批手续繁琐、决策周期长、缺乏效率	5.09±1.716	4.6	42.9	52.6
决策机制	决策需要报批政府主管部门，不会依据各校的特殊情况及差异进行酌情处理	5.35±1.514	4.9	44.3	50.9
管理办法	对各级职称人数的控制严格，职称上升渠道更为艰难	5.96±1.318	4.0	45.6	50.2
管理办法	起到一定的激励作用，让教师更有压力	5.33±1.466	2.0	27.4	70.6
管理办法	上升阻力太大，放弃职称与职级的晋升	3.85±1.799	6.3	43.1	50.6

结合访谈法与问卷法，高校人事编制管理法规呈现出以下特点：

第一，高校人事编制管理法规数量甚多，然而因规范性不足、历史积累等一系列原因导致落地实施较为困难。

第二，人事编制管理法规制度缺乏普及性和稳定性，且多变，实行时间多重标准，法规主体缺乏一致性，导致高校教师一方面产生不公平感，另一方面失去风向标，无所适从。

第三，人事编制管理法规学习与普及力度及范围不足，导致学校与教师之间信息不对称，不利于法规的全面实行。

2. 决策机制

通过问卷法，如表2-1所示，"人事编制管理的决定权在于政府主管部门，审批手续繁琐、决策周期长、缺乏效率"，42.9%的受访者认为符合，52.6%的受访者认为非常符合，"决策需要报批政府主管部门，不会依据各校的特殊情况及差异进行酌情处理"，44.3%的受访者认为符合，50.9%的受访者认为非常符合，这两个问题的均值都很高，达到了5.09和5.35。

结合访谈法与问卷法，高校人事编制管理决策有着以下特点：

（1）权力核心上移，导致决策僵硬，如人员设置由教育主管部门统一标准，但各高校人事编制仍有着各自的特点和历史遗留问题。

（2）审批手续繁琐，缺乏活力，不利于根据反馈进行相应的及时调整。

（3）决策周期长，缺乏效率。优质决策是一个动态高效的系统反馈过程，这种信息多层级流动带来的偏差使得决策缺乏科学合理性，不具备竞争性。

3. 管理办法

目前，我国高校人事编制管理实行的是基于全员聘任制的分级分类管理，绩效考核、薪酬管理等其他人力资源管理实践以其为依据开展。

高校教师岗位分级分类管理通行的主要做法为：一是按照教师承担的主要工作任务的不同进行分类，分为教学型、教学科研型、科研型三种，或教学科研岗、专任教师岗两种；二是根据教师贡献度的不同按照教师专业技术职务进行分类，在每一类内部又进行层级划分，如将教授分为一、二、三、四级等，这种分类方法称为纵向分类法，是依据2007年国家《关于高等学校岗位设置管理的指导意见》确定的分级分类方法（四层13级）。由于不同高校改革力度的差异也会有不同的举动，如浙江大学推出教学为主岗、教学科研并重岗、研究为主岗、社会服务与技术推广岗、团队科研/教学岗五类。高校人事编制体系主要由事业编制、非事业编制、合同编制组成；四川大学的教职工编制由学校固定编制、聘用制、项目制三种构成。

总体来说，高校人事编制管理办法有着一定的激励作用，如表2-1所示，"起到一定的激励作用，让教师更有压力"，认为符合的受访者达27.4%，认为非常符合的受访者高达70.6%，但是高校人事编制管理仍存在管理方法太僵硬、灵活性不强、创新不够等问题，如"对各级职称人数的控制严格，职称上升渠道更为艰难"，认为符合的受访者达45.6%，认为非常符合的受访者高达50.2%。

（四）激励

本研究认为人事编制管理本身就是激励手段，高校人事编制管理激励的成效体现在教师绩效的改善上，其中，任务绩效行为指所规定的行为或与特定的工作熟练有关的行为，这些行为直接或间接帮助实现组织目标；关系绩效指那些促进组织气氛、社会关系和心理环境的行为。关于人事编制管理作为一种激励手段的运用情况，本研究设置了认同度、人职匹配、晋升通道、分级分类管理等问题；关于人事编制管理对教师激励的成效，本研究分别设置了包括课题覆盖率、教学投入、科研投入、职业懈怠等在内的任务绩效问题以及工作热情、工作态度、助人、对组织的支持等在内的关系绩效问题。

如表2-2所示，关于人事编制管理作为激励手段，教师的认同度是较高的，"觉得高校的编制非常重要，很有身份感"，36.3%的受访者认为符合，高达54.9%的受访者认为非常符合，"认为编制管理使人在职位、职级甚至身份的跨越中，得到成就感"，38.3%的受访者认为符合，高达50.3%的受访者认为非常符合，这两个问题的均值分别达到了5.40和5.19。高校人职匹配运行良好，"能力和特质与工作岗位基本上是相适合"，38.2%的受访者认为符合，高达58%的受访者认为非常符合，均值达到了5.57。分级分类管理良性运转，"分级分类管理激励大家通过不断努力，获取提升"，45.6%的受访者认为符合，50.2%的受访者认为非常符合。

关于激励成效，显而易见的是，教师外在工作绩效远远低于教师内在关系绩效，两者均值分别为4.78与5.81。"积极申请课题，开展科研工作，目前已有在研的厅省级以上课题1项以上"，有21.7%的受访者认为非常不符合，只有48.6%的受访者认为非常符合，"为了职称职级的提升，加大教学投入力度"，11.4%的受访者认为非常不符合，36.3%的受访者认为非常符合，可见人事编制管理使得教师加大了科研投入（体现在课题参与度）与教学投入，但是还是不够理想，同时相比教师教学投入，人事编制管理使得教师在科研上的投入更大，"上升阻力太大，放弃职称与职级的晋升"，43.1%的受访者认为符合，50.6%的受访者认为非常符合，表明目前还没有明显的职业懈怠现象出现。关于内在关系绩效的五个问题"能为成功完成工作而保持高度的热情和付出额外的努力"，"自愿做一些非自身职责范围内的工作"，"愿意帮助他人，并善于合作的人"，"遵守学院与学校的规定和程序"，"赞同、支持和维护学院与学校的目标"均值都非常高,分别为5.45、5.02、6.04、6.54、6.02,受访者认为非常不符合的频度也非常低,分别只有2.9%、7.1%、0.6%、0.3%、1.7%,由此可知,目前高校人事编制管理产生的内在关系绩效,也就是教师对他人的支持、对组织的支持和对工作的态度还是趋于良性的。

表2-2 湖南省高校人事编制管理激励的总体状况

项 目		M±D		频度/%		
		项目	维度	非常不符合	符合	非常符合
激励手段	觉得高校的编制非常重要,很有身份感	5.40±1.766	5.37±1.193	8.9	36.3	54.9
	认为编制管理使人在职位、职级甚至身份的跨越中,得到成就感	5.19±1.833		11.4	38.3	50.3
	能力和特质与工作岗位基本上是相适合	5.57±1.371		3.7	38.2	58
	分级分类管理激励大家通过不断努力,获取提升	5.33±1.466		4.0	45.6	50.2
激励成效(工作绩效)	积极申请课题,开展科研工作,目前已有在研的厅省级以上课题1项以上	4.82±2.20	4.78±1.638	21.7	29.7	48.6
	为了职称职级的提升,加大教学投入力度	4.74±1.765		11.4	52.3	36.3
	上升阻力太大,放弃职称与职级的晋升	3.85±1.799	\	6.3	43.1	50.6
激励成效(关系绩效)	能为成功完成工作而保持高度的热情和付出额外的努力	5.45±1.443	5.81±0.944	2.9	44.0	53.1
	自愿做一些非自身职责范围内的工作	5.02±1.563		7.1	53.2	39.7
	愿意帮助他人,并善于合作的人	6.04±1.070		0.6	28.8	70.6
	遵守学院与学校的规定和程序	6.54±0.834		0.3	12.5	87.2
	赞同、支持和维护学院与学校的目标	6.02±1.276		1.7	27.2	71.1

二、湖南省高校人事编制管理问题

(一)高校专任教师短缺与职能部门结构性臃肿的矛盾并存

专任教师和教辅人员总数尽管有了一些转机,然而一方面专任教师引入力度不足,另一方面教师与行政职位待遇和地位的相对差异性,以及长期以来官本位思想的影响,致使部分具有学术实力的高层次人才,更倾向于流向管理部门行政职务的岗位。

高校机构一方面重复设置，职能边界不清，另一方面因历史遗留与现实形成的问题，导致机构结构性臃肿，表现在职能管理部门内部人手不够、捉襟见肘，基层行政工作人员案牍劳形，而部分教辅部门人员冗余、人浮于事。随着后勤服务普遍外包后，原后勤部门工勤人员出现明显的冗余。技术的进步也使得很多岗位被人工智能取代（如图书管理员），教辅部门、后勤部门人员富余问题将更严重。

总之，高校人事编制管理改革迫切需要在提高总量的同时调整内部结构。

（二）高校人员结构与机构设置亟需调整

教职员工整体结构与专任教师内部结构不合理，教职员工中专任教师比例仍需大幅度提升，专任教师内部学科结构滞后于地方经济社会的发展需求。

机构设置保守、趋同，整个组织综合化程度不高，人事编制管理部门职能不清晰、信息反馈滞后，不能保证组织运行的流畅性和效率性；人力资源配置缺乏效益性，未能充分利用外部先进的信息技术，实现组织结构扁平化与人员精简化；各大高校机构设置中仍存在机构重合、因事临时设岗等问题。

（三）高校人事编制管理程序优化程度不足

人事编制管理中责权利不清晰，未能发挥高校在人事编制管理中的主导地位。高校人事编制管理法规数量甚多，然而规范性与科学性不足，缺乏落地实施能力。

决策流程不通畅、管理过于规范、权力偏向集中、行政化倾向严重。决策主体与决策内容对象发生一定的偏移，体现在高校机构设置、岗位定人定编的决策主体是高校政府主管部门，而具体运转高校不具备决策权；人才招聘、培训、绩效考核、薪酬激励等决策主体在高校相关管理部门，具体使用人才的院部却只是参与甚至脱离这些关键工作。

管理办法陈旧、创新性不足，管理程序不畅、耗时耗力，整个管理体系僵硬，缺乏活力导致无法全面激发教职员工的工作热情。

（四）高校人事编制管理未完全发挥其应有的激励功能

人事编制管理作为一种激励手段，不能充分体现高校教师群体的特点，未能全面激发教师工作的积极主动性。

第一，尽管高校教师对于人事编制的身份及身份跨越具有较高的认同感，但要实现"符合高校教师人性需求的、基于合理竞争与有效激励"的人事编制改革校园文化的目标，仍旧任重道远。

第二，岗位设置中，高校目前能综合考虑教师的共性与个性，基本做到人职匹配，但仍需通过搭建教师终身发展的平台，创建教师不断成长的通道。

第三，目前由人事编制管理激励使得高校教师关系绩效良好，但教师任务绩效差强人意，仍需不断完善，如应根据专任教师与教辅人员等岗位的差异，有区别地建立合理科学的绩效考核体系，以实现基于人事编制管理的激励。

针对以上关于湖南省高校人事编制管理的几个问题，提出以下四点建议：

第一，宏观调控高校总体规模，保障教育强国目标的稳步推进，各高校微观布局规模，提高专任教师的人数总量，保障教学、科研与社会服务的实现。

第二，全面构建与调整各高校内部人员结构与组织结构，促进人员整体结构（专任教师、教辅人员、行政人员、工勤人员）与专任教师结构（学科、专业、职称等）科学、合理，推动组织机构设置的精简、协调、高效。

第三，优化高校人事编制管理局部子系统，包括法规的完善、决策程序的高效、管理实践办法的创新等，整体激活人事编制管理系统。

第四，通过实现人职匹配、畅通职位与职级晋升通道等对人事编制管理激励手段进行前瞻设计，针对教师任务与关系绩效等激励成效的反馈结果进行激励机制后续完善，全方位促进人事编制管理激励机制效应的发挥。

第三章　高校人事编制管理国际经验

在高等教育发达的国家，教师聘任、培训、评价、晋升等教师管理制度已运行多年。尽管各国文化背景、经济现状、教育体制、办学特色等各不相同，教师管理制度有所差异，但总的来说，发达国家的高校人事管理机制，一般采用终身制与任期制相结合，以保证人才的流动，同时优化教师质量和结构。

本章将全面探索国外高校的教师管理制度，如终身制教授、临时性讲师和短期雇佣教师并存的英国，大学授课资格制、编外讲师制和讲座教授制相结合的德国，教师聘任制以"选择任期制"为主的日本等，并分析具有代表性的美国高校教师制度的基本情况，即教师聘任制、非升即走制、终身教职制的理念、原则、主要做法等，了解美国部分高校教师管理的具体措施，提出可供借鉴的启示。

第一节　国外教师管理简述

一、终身制教授、临时性讲师和短期雇佣教师并存的英国

18世纪60年代开始的工业革命促进了英国政治、经济、科学和文化的发展，使英国在19世纪中叶成为世界上最先进和最强大的工业国。英国政治和经济的强盛以及由此而来的资产阶级力量的强大促进了教育领域的变革，英国现代高等教育制度开始形成。英国高校教师管理制度的发展分为以下三个阶段。

（一）萌芽阶段（20世纪60年代到70年代末）

20世纪60年代，《罗宾斯报告》（The Robbins Report）将大学学生人数与所得经费联系起来，该报告推动了新大学和多科技术学院的建设，直接导致此后十年，高校学生人数增加了一倍，英国高等教育迅速转向大众化。英国高校教师出现了能力素质两极分化、队伍良莠不齐等情况，高校规模的扩大不仅对高校教师的数量同时也对质量提出了新要求。1972年，《詹姆斯报告》（The James Report）促使英国开始建立现代教师教育体系。大多数大学教师管理制度体系也在这一时期形成。1972年，教育家詹姆斯·马丁发表《教师教育与培训》。英国政府建立全英高校教师指导委员会，为高校教师制订完整的培养计划，同时职称评审活动开始在高校出现。当时英国高校仍延续着一贯的终身教职制度，教师在短暂试用期结束后便与学校签订终身合同，不会面临解聘危机，职称评审只影响部分教师地位的提升和工资的增长，而且受教职终身制影响，教师职称评审和晋升异常困难（杨广晖 等，2019）。

（二）改革阶段（20世纪80年代）

20世纪80年代，随着高等教育大众化、市场化进程的进一步加剧，教师师资短缺和教学质量下降等问题更为突显。此时的英国经济发展疲软，国内存在严重的经济政治和社会问题。1979年，保守党重新执政后，为缓解政府财政危机进行了一系列改革，其中一项便是对高校大幅度减少经常性拨款。当时，英国政策规定高校解聘终身教师需支付巨额赔偿，因此，高校在拨款减少的情况下，无法解聘教师以减少开支，仍然负担着占总支出65%以上的教师薪水。1984年，英国中央政府积极介入教师教育管理，成立教师教育认证委员会（The Council for the Accreditation of Teacher Education，CATE）。1988年，《多余人员补偿方案》和《1988年教育改革法》提出取消大学教师任期终身制，将竞争机制和教师流动机制引入大学。该法规定，1987年11月20日之前取得终身在职权的教授职位和工资不变，允许其在职到退休为止，但不承认在这之后被任用或升任的教授享有终身在职权，并明确学校有权因财政、人员冗余及能力不足等原因解雇教师。同时放宽了高校教师的解聘条件，减少赔偿金额，允许学校可视需要解聘教师且不必投票表决，同时还统一了英国大学教师的聘任制度，所有大学的新聘教师包括新晋升的教师不再得到学校终身聘用的保证。基于此，英国高校迎来了新一轮大幅裁员，且开始招聘更多临时性高校教师和科研人员。终身教职制度的改革表明，大学与政府、教师与大学的关系都发生了根本性变化，大学在接受政府拨款时将受到更严格的绩效评价，同样教师也必须接受大学的定期考评。因此，英国高校开始对具有终身权的年长教师实行终身教职后的评审。职称评审是教师晋升、聘任和解聘的依据，通过职称评审得到晋升的教师才可能避免解聘危险并获得一份更长久的工作合同（杨广晖 等，2019）。

（三）成熟阶段（20世纪90年代至今）

20世纪90年代至今，英国高校人事管理处于成熟阶段，主要体现在以下几个方面。

第一，立法日趋完善。英国颁布的人事管理立法从20世纪70年代最初的12项迅速增长至90年代的34项。进入新千年后，英国又相继出台了40多项人事管理立法，这些立法既有公平付薪方面的，如《1970年公平薪资法案》（Equal Pay Act 1970）、《2006年薪酬法案》（Compensation Act 2006）；也有雇佣培训方面的，如《1981年雇佣和培训法案》（Employment and Training Act 1981）、《1989年雇佣法案》（Employment Act 1989）；还有关于种族、性别与平等方面的，如《1975年性别歧视法案》（Sex Discrimination Act 1975）、《1976年种族关系法案》（Race Relations Act 1976）、《2010年公平法案》（Equality Act 2010）；近年来甚至还制定了一些关注员工工作与生活平衡的法案，如《2006年工作与家庭法案》（Work and Families Act 2006）。

第二，组织机构日益成熟。在20世纪70年代之前，英国高校人事管理主要由其他部门管理人员来分管，当时还没有形成一个独立的人事部门。直到《1971年劳资关系法案》（Industrial Relations Act 1971）颁布，高校人事管理工作才逐渐引起重视。20世纪80年代，英国大学人事管理部门的职责仍很有限，仅能处理一些日常性人事事务。实际上，很多大学称其为办公室，而不是人事部。《1992年英国继续和高等教育法》（*Further and Higher Education Act* 1992）的正式实施，使之前的许多技术专科学校或学院获得了梅杰政府授予的大学地位，这些大学被称为"1992年之后的大学"。新大学一般都脱离了当地政府的控制，大多经过合并，成为独立的法人团体。它们也可以通过竞争来获取政府的资金支持，不过数量非常有限。所有高校都建立了人事部门。进入21世纪，英国高校人力资源管理部门机构设置更加细化，以适用英国日益深化的人事法律要求，也为教师提供更加专业化的人力资源服务（袁庆林 等，2012）。

第三，评审机制逐渐完备。1992年政府从法律上强制要求学校进行学科层面的质量审核，包括对教师教学以及教师发展的评估，并为开展评审工作及设计学科评审标准发放经费。由此，以评审促进教育发展的思想迅速渗透至整个英国教育系统。从小学到高校，各个层次的教育都开始采取不同程度的外部评审制度，许多质量标准机构应运而生，如教育标准办公室、高等教育质量保证署等（杨广晖 等，2019）。这一阶段英国高校的教师管理在相关法律的约束和规范下，不断得到完善和细化，英国高校人事管理部门的职能也变得越来越规范和专业（张凯，2021）。

英国大学教师主要有教授、准教授、高级讲师、讲师以及其他教育研究工作者。一般在英国大学中，教授职称占教学科研人员的10%～20%，高级讲师的人数最多，大约占教学科研人员的40%，准教授比例相对较少，约占10%。教授、准教授和高级讲师没有规定任期，部分大学对一般讲师实行聘任制。英国高校的师资队伍中既有终身制的教授，也有临时性的讲师和短期的雇佣教师。在原有体制下，英国大学聘任教师采用公开招聘方式，要求申请者具有优秀业绩、取得专业学位并拥有教育研究经验。一般讲师中的优秀者可被选为高级讲师，而具有才能只因教授职位有限不能升格者就称准教授。准教授和高级讲师多数是校内晋升，晋升者需要发表独创性的研究论文，在晋升评议过程中也需要校外专家参与审查及评价。教授聘任实行公开招聘，由选人委员会推荐，理事会任命。在英国，高级讲师以上基本可享受终身职待遇，如无正当理由不能解聘。大学教授被确认为专职后，其学术自由和终身在职权就得到保障。由于社会对大学教授终身制的质疑，英国政府也意识到只有剥夺单位和个人的部分权利才能实现变革。因此，政府引入新机制，采取削减大学拨款、制定对自愿提前退休和离职教师的补偿方案等一系列措施迫使大学教师退出。

二、"选择任期制"为主的日本

日本的高等教育发端于19世纪70年代，距今已有近150年的历史。1872年日本颁布的《学制令》确立了以文部省为首的中央集权式的教育管理体制，《学制令》的颁布与实施标志着日本国近代高等教育制度的确立。1890年《教育救语》的颁布决定了日本20世纪初到20年代的高等教育制度，表明日本的教育开始把儒家的道德伦理规范与日本民族意识的培养结合起来，以适应日本社会各方面迅速发展的需要。从此，日本教育的发展转向强调民族主义和加强国家对各类教育包括对高等教育的控制。第二次世界大战前，日本仍属高等教育比较落后的国家。第二次世界大战后，日本以美国模式为蓝本进行了高等教育体制改革，1947年《教育基本法》与《学校教育法》两个重要教育法案的颁布，否定了战时军国主义教育政策，为战后日本的高等教育制度指明了发展方向。伴随着社会经济的迅速发展，日本高等教育规模才不断扩大，质量也逐步提高，到了现代已经形成了非常完善并先进的高等教育体系。根据2020年第4年度（令和第2年度）学校基本调查，日本拥有795所大学，其中，国立86所，公立94所，私立615所（胡剑虹，2004），教师身份有国家公务员、地方公务员、私立学校教师（学校法人）之别（陈永明，2013）。

庞大的教育师资队伍，长期的培训任务，必须有相应的政策法规作保障，使其有法可依，有法可循，从而实现依法施教、依法促教、依法治教（王晓龙等，2014）。日本高等教育的教师制度主要包括教师的行政管理制度、教师的晋升制度、教师的任期制度等。选择任期制、教员许可证制、岗位设置基准制、晋升集体审议制等是日本高校教师制度的特点。

1997年，日本政府制定了《关于大学教师等的任期制的法律案》，在日本引进与推行教师任期制。所谓大学教师任期制度，就是以从事研究或者教学的高等教育机关的教师为对象，规定其在任期届满之后，必须通过大学管理机关的考核来确定是否可以继续聘任，或者采取"退职"方式但不予聘任的一个制度。日本大学聘任制度改革对象集中在大学的教学科研人员。首先，以国立大学的教师（国家公务员）或者公立大学的教师（地方公务员）为对象，大学可以根据自身的发展需要决定是否继续聘任；其次，国立大学或公立大学的教师出现了职务升迁，或者进行同一职称级别的大学间调动，为其他国立公立的大学或者研究机关聘任，可以不受任期制的限制。最后，私立大学可以根据劳动法的规定，自行决定是否更新聘任合同。同时，日本法律还规定了"强制交流"条款，规定大学教师在任期届满后，必须到其他大学研究机构或企业去谋职，任期内的表现将作为是否被录用的重要依据。这种交流本身也是一种退出机制，如果任期内没有显著的业绩，很难找得到愿意接收的大学。日本的大学教师任期制度，其根本目的是打破传统的闭塞，实现大学经营管理的灵活化。因此，一方面，法律只是决定了改革的方向，大学可以自己决定何时实施、如何实施，这也就避免了制度与大学本身的传统理念之间直接发生冲突。另一方面，法律对实施教师任期制的大学也提出了要求，大学不仅要做到聘任信息公开化，而且还要适度调整教学科研环境，加大聘任人员尤其是年轻教师研究经费的投入力度，由此来改善并提高教师待遇。

日本教师实行的教员许可证制度，类似于中国的教师资格证制度，1988年5月31日公布了《初任者研修法》，接着12月28日日本政府颁布《教职员任免法》的修正法令，作为确保实施教师教育制度的法律保障。在教职员任免法的修正令之中，日本将教师专修许可证制度修改为第一种类、第二种类、专门研修三种。而教员许可证的晋级也是需要修够规定的学分方能够取得的一种资格。

关于大学内设置岗位的要求，日本文部省在1956年10月22日文部省令第28号颁布了《大学设置基准》，2013年3月29日文部省令第13号依据学校教育法第3条、第8条、第63条及第88条的规定，对大学基准进行了相应的修改。《大学设置基准》共包括11章，另外还有附则，其中对教育的基本组织、教员组织、教员的资格、定员、教育课程、毕业的条件、校园设施、共同教育课程等内容做出了明确的限定。按照《大学设置基准》，为达到教学与研究的目的，大学开设学科和讲座制，配备必要的学科专职教师。主要学科教师原则上由专职教授及副教授担任，讲座制原则上由专职教授负责，配备必要的副教授、讲师和助教。日本高等学校教师具有严格的与学历、学位挂钩的教师任职资格制度。1991年修订的《大学设置基准》第14条规定，教授的任职资格是必须具有下列条件之一：具有博士学位；被认定为具有与博士相当的研究业绩者；在大学里任教授的教师；在大学里任过副教授并被认定为具有教学研究业绩者；在艺术、体育等领域有卓越的特殊技能，有教育经历者；在专门领域有特别卓越的知识及经验者。任副教授必须具有下列条件之一：被认为在教育研究上有能力者；符合有关的规定能成为教授者；在大学有副教授或专任讲师经历者；在大学有3年以上助教或与此相当的职员经历者；取得硕士学位者（包括在外国取得与此相等学位）；在研究所、实验所、调查所等工作5年以上，在研究上被认为有业绩者；在专门领域有卓越的知识及经验者。担任讲师的必备条件是：可任教授、副教授者，或者在特定专业领域内被认定为具有教学工作能力者。以上只是日本大学教师职务晋升最起码的标准，除具备学历标准和资历条件外，还需要经过严格的筛选和激烈的竞争。日本高校中的教授、副教授大部分是通过公开招聘、评选录用的。根据文部省的要求及《大学设置基准》的规定，当一个大学的某学部教授名额空缺或者需要增设新的讲座而需要增补教授名额时，首先要在有关的学会刊物上刊登招聘广告，公开招聘教授或副教授，本校或外校的教师均可应聘。对应聘者要看其教学与科研成就，还要审查学历、资历、教学能力、科研成果及所发表的论文、著作等。学校成立招聘教授评选委员会，委员会将应聘者的情况向本校教授会报告，经反复讨论、磋商之后，由教授会全体成员投票表决，必须获得2/3以上赞成票才能当选。评选委员会将评选结果报告校长，由校长呈报文部省，经文部省审议委员会审议认可，最后以文部大臣的名义任命（薛美玲，2008）。

日本高校采取集体评价制。日本对高校教师人事的评价交由"教员人事评价委员会"进行，坚持评价标准和评价结果公开、参加型的互相评价、本人和周围人认可和满意的三原则。为了促进每个职员主体能力的开发和业务的发展，最大限度地灵活使用人力资源，促使大学组织的机能高效，引入能力评价和业绩评价这两个新的评价体系。能力评价就是以职务完成能力的发挥度为参照基准，将职务工资与职务能力工资分开，有效促进教师主体能力的发挥和潜在能力的开发；业绩评价以目标管理的手段为标准，根据绝对评价、相对评价、目标评价和目标达成度等综合指标进行评价。评价结果最终会影响工资及职称。教师职位的晋升，一般都是由校方公布名额、条件，一般由学院或者是教授个人推荐，然后要经过学校的教授会或者是学校的评议会集体审议。这些评职的过程同国内的高校类似，但是差别就是，衡量一个教师的科研成果以及教学水平，是由教授会集体评价，相对更加公平客观。对一个教师科研成果的评价会从成果的影响力、学术地位以及应用价值等方面综合考量（王晓龙 等，2014）。

三、大学授课资格制、编外讲师制和讲座教授制相结合的德国

吴清（2017）将德国高校教师制度的演进分为五大阶段，即建立与发展、创新与完善、挫败与停滞、重建与调整和重组与变革阶段。德国作为近代大学的发源地，最早的大学建立于14世纪中叶。大学成立之初，大学教师由牧师担任。随着宗教改革的进行，德国大学教师实现了从教会牧师到政府雇员的身份转变。18世纪，在启蒙运动和理性主义思想的影响下，哈勒大学和哥廷根大学开创了思想自由的先河，进一步促进了学术发展，教师地位随之发生改变，教师公务员的身份得到确立。19世纪，在新人文主义的影响下，威廉·冯·洪堡提出了"学术自由"思想，讲座教授制度开始成为德国大学教师制度的核心内容。除此之外，大学授课资格制度也在这一阶段正式确立。受德国古典大学观和中世纪大学收费制度的影响而产生的编外讲师制度，在20世纪70年代之前，一直是德国高等教育发展的动力和基石，1976年联邦德国颁布的《高等学校总纲法》中设立"助教"一职取代编外讲师，但是编外讲师制度的核心内容被传

承了下来。大学授课资格制度、编外讲师制度和讲座教授制度是德国大学教师制度的三大支柱。

（一）大学授课资格制度

博士毕业后进入大学担任助教是学者教学生涯的起点，助教在任职期间必须申请获得大学授课资格，否则就失去了通往职业阶梯上端的机会。从进入大学当助教再到获得大学授课资格，这一系列任命在大学内部完成，受到讲座教授的控制。在成为编外讲师之前，"没有教授的同意，他们不能自由地选择研究课题和教学内容"。大学授课资格制度在历经百余年的发展后受到了公众的质疑。2002年，德国教育与研究部实施改革，引进"初级教授"头衔，具有博士学位者即可成为初级教授，经过6年的过渡期可聘为正式教授。然而，学术界对这一方案提出了强烈抗议，理由是"如果没有被称为'第二部书'的教授资格书，就无法判断青年研究人员的水平"。

（二）编外讲师制度

获得大学授课资格再工作两三年，助教便可升格为编外讲师，但通常"只有一部分助理人员能得到编外讲师的正式职位，而且这种任命经常姗姗来迟"。编外讲师主要依靠课酬生活，面临着巨大的压力。编外讲师可独立开展研究，并可与教授相竞争，因此，这一制度曾被认为是大学中自由的学术研究体制最有效的保证，获得教授职位是编外讲师的终级目标。当某一个教授职位空缺且需要填补时，学校将根据严格的制度启动招聘程序。由于竞争的激烈与条件的苛刻，每年获得教授职位的比例非常小。编外讲师制度曾深受各国学术界的赞誉，被认为是储备学术人才的最佳制度。随着科研日益依赖于仪器设备和团体协作，许多讲师开始受雇于拥有实验室和设备的教授而成为研究助手。这使得他们必须受制于教授并开始丧失原有的独立地位。与此同时，他们所获得的待遇与报酬却并未有太大的改善。此外，随着学术界以外职业吸引力的增加，这一制度的弊端开始受到关注。2000年，联邦教育与研究部认为，"传统制度中科学后备人才的处境艰难，致使人才外流"，于是颁布了《21世纪德国高等学校服务法》，并设立了青年教授制度。

（三）讲座教授制度

讲座教授制度曾是德国高校教师制度的标志。讲座教授所拥有的权力涵盖了财政、人事等各个方面，然而能成为讲座教授的学者只是极少部分，大学中4/5的研究力量和整个高等教育中的教学力量都是非教授学术人员。讲座制也逐步经历了由一位教授主持一个讲座到讲座与研究所合二为一，再到被系、科取代的演变历程。外界对讲座制的批评不断，"教授的典型形象是一个被宠坏了的、自我陶醉的、懒散的雇员"。德国20世纪90年代的改革试图将教授置于更严格的控制之下，废除了教授职位的永久性资源配给制度，资源的配给将每年根据绩效评估结果进行一次重新分配。然而，教授所享有的终身受聘权利却并未受到质疑（陈艺波，2009）。

第二节　美国教师管理制度

发达国家经过上百年的探索、历练和实践，在高校教师聘任和晋升等人事管理方面取得了一些很好的经验并形成了一套较为完善成熟的体系，我国学者对各国教师管理制度的研究很多，其中尤以美国高校的研究最甚。本研究用美国、教师管理、高校、聘任四个关键词，设置时间从2012年到2022年，在中国知网上查询到181 430篇论文，其中包括硕博士论文。可见教师管理制度是热点，美国的教师管理制度更是热点中的热点。

一、美国教师制度基本情况：教师聘任制、"非升即走"制、终身教职制

美国的教师管理制度主要以教师聘任制、"非升即走"制、终身教授制为核心。尽管美国各所高校结合自己的办学需求和特色，构建了各自独特健全的教师管理系统，存在着一定的差异性，但是总体仍旧围绕这三个特点。

(一)教师聘任制

教师聘任制度是高校教师管理制度的核心。美国高校对教师实行终身制与合同制相结合的教师聘用制度。高校设置一定比例的终身教职岗位,为一些有志于终身从事教育事业,致力于学术探索的教师创造自由的学术氛围。同时,对部分教师实行合同聘任制,聘期内教学、科研绩效显著的教师,在通过各项考核之后可以成为终身制教师,对考评不合格的教师实行降职或者解聘。此外,美国大部分高校聘请兼职教师,兼职教师一般分为两类,一是希望成为享有终身职位的教师,二是本身具有工作岗位,只是把教学作为副业的教师(张艳梅,2015)。以斯坦福大学为例,任教的教师主要分成两个大类:终身路线(tenure line)和非终身路线(non-tenure line)。终身路线和非终身路线的最大区别在于,终身路线的教师可以根据累计的服务时长申请终身教职,而非终身路线的教师则一般不能申请终身教职,只能按聘用合同约定与高校之间的关系。美国没有国家层面的教师从业资格制度,所以教师的录用原则可以由高校自主决定(邱欣悦,2014)。一般情况下,遵循以下原则:

首先,美国大学教师的聘任一般是由董事会控制和掌握,几乎所有董事会都把聘任与提升看作他们的主要职能。

其次,美国高校教师聘用是公开招聘的,高等院校首先将招聘广告发布在媒体上,广告中明确了招聘的对象和条件,然后对应聘者进行面试,面试合格后进行试讲,在试讲过程中由同行进行评议,通过评议的应聘者再讨论工资待遇和工作条件问题。如果应聘者具备较高的素质、较强的科研能力以及比较丰富的教学经验,一般采用终身聘用制,对于助理教授及以下级别的教师一般采用合同制。

最后,有负责教师聘任的机构和同行专家评议机制,把评价结果作为学校表决的重要参考意见,同时又有严格的聘任程序,这样能够最大限度地保证学校招聘到最适合的人选。

如美国大学的终身教授的聘任,必须通过全国公开招聘后才可以聘任,信息必须做到公开透明。对于空缺职位,要经过多道严格的程序,例如,公开招聘、同行评议、面试谈话和系院两级教授会议的讨论、评议和投票决定等，最后还需要上报教务长或校长审批同意后才能签约。

（二）"非升即走"制

美国大学专职教师典型发展轨迹为：完成博士学位、博士后研究（2~3年）、助理教授（5~7年）、副教授、正教授。也就是说，博士毕业生至少需要近10年的奋斗才可能获得申请终身教职机会，这期间若不能晋升为副教授或者教授，就不得不离开原来的高校另谋职位，这一制度被人形象地称为"非升即走"（up-or-out）。

"非升即走"制对美国学术场域的从业人员发挥了"良币驱逐劣币"的效应，但也带给教师巨大的压力。如美国大学教授协会（AAUP）指出，被授予终身教授的人数每年都在迅速下降。2010年美国大学教师协会的研究报告表明，40年前绝大多数的教师属于终身教职，而目前70%的教师都未在终身教职的轨道上。当然这部分的原因在于金融危机之后美国高校经费的困境和对教师问责的兴起，终身教职面临改革，获取终身教职的机会大大减少。所以，"非升即走"在这种背景下就具有更强的甄别和选拔功能，即甄别出适合从事学术职业、选拔出符合本校需要的人（张丽 等，2015）。美国这种"非升即走"的人力资源管理方式，虽然提高了教师队伍内部的竞争力，促进了高校的分层办学，但也导致因岗位不适合自身条件而被埋没才华的人离开教师队伍，造成了人才的浪费，缺少"缓冲"地带成为这种制度最大的弊端。

（三）终身教职制

终身教职制（tenure track）是"非升即走"制的核心，源于1920年普林斯顿大学，其他美国高校如哈佛大学、耶鲁大学相继效仿。哈佛大学1939年推出类似的教师聘用程序，规定非终身教职教师最长聘期为8年，未能按期取得终身教职的不再续聘；同年，耶鲁大学紧随其后，以4年讲师加5年助理教授作为新教师的试用期。至此，美国的终身教职制度确立，在这一制度下，终身教师在最多两个聘期内（一般是6~7年）若未取得终身教职则不再续聘，即要么晋升得到终身教职，要么就得离开（张丽 等，2015）。

Tenure-Track 制度实施的重要保障就是教师聘任合同期内透明、公开、公平的考核机制。美国大学有三类基本教师考核：升等考核（merit-increase review）、终身职考核（tenure review）和后终身职考核（post-tenure review）。

1. 升等考核

以年度考核为主，也可每两三年进行一次。这类考核通常伴有小幅晋级加薪。例如，北科罗拉多大学教师升等考核是教师在系主任指导下进行自评，由教师委员会形成评审意见并投票通过。考核内容包括教学、科研和公共服务。考核结果包括卓越、优良、适合、不适合4个等级。考核结果必须与教师本人交流，通过交流，帮助被评教师总结问题、分析问题，达成共识。

2. 终身职考核

通常认为美国大学教师的终身职预备期是6年，但事实上不同大学甚至同一大学不同学院，都可以有不同预备期。例如，加州大学是8年，耶鲁大学医学院为10年，哈佛医学院为11年，霍普金斯大学医学院为无限期。各学院制定自己的教师考核评价标准，除教授委员会的意见外，校外专家意见也受到高度重视，并在很大程度上决定了最终结果。

3. 后终身职考核

后终身职考核是对已获得终身职教师进行的综合考核，通常是每5~7年进行一次。终身职制度让高校教师有一个安稳的工作环境，心无旁骛地教学和科研，有利于挖掘教师的潜力，进行创新工作，但同时终身教授制的弊端也不容忽视，当教授取得终身教职后，就有可能不再有创新的动力和力量，不再前进，容易导致"学术权威""学术体制逐渐僵化"等现象，这样就不利于人才流动，也不利于人员结构的优化。

二、美国各高校教师管理的具体情况

很多国内学者选择了部分有代表性意义的美国高校，对其教师管理的具体实施情况进行了案例调查与分析。

由由（2013）调查哈佛大学、斯坦福大学、耶鲁大学、麻省理工学院、哥伦比亚大学五所全球公认一流的美国大学的筛选机制，即一名教师从受聘于终身轨岗位，经历评审、续聘和晋升，直至最终成为一名终身教授的过程。学术杰出、教学优秀、发展潜力、多元化、院系需要是筛选的标准，发现其特点：教授是人才筛选决策过程的绝对主体、为实现有效筛选投入了大量的资源、通过对教师制度的调整和评估完善筛选机制等，整个筛选机制体现了世界一流大学教师队伍建设"严筛选"的本质。

彭艳芳（2015）调查了爱达荷州立大学教师准入的总体要求，包括教师准入的12项标准、申请材料与准入面试等教师准入的执行措施。

孙颖（2015）对美国弗吉尼亚州公立院校终身教职职后考评制度研究，从价值观、实践效果和管理制度三个方面探索美国弗吉尼亚州公立院校终身教职教师职后考评制度的优越性和存在的问题。在价值观上，该制度存在的核心理念在于维护学术自由，促进教师发展，而不是作为惩罚机制，以开除教师为使命。在实施程序上，从被考评教师信息的采集到考评结束后教师的申诉制度，都体现了该制度实施的完整性与全面性。但是在实施过程中也存在一些缺失，如部分终身教职教师会选择退休这一手段逃避考评，或者从有些院校考评结果"一刀切"的情况来看，也存在考评形式化的问题。

朱竹笑（2014）调查美国弗罗斯特堡州立大学，发现其教师管理制度具有严格公平的教师资格审定规范、自主的教师聘用制度，全面、多层次的教师评估考核，公开、公正的晋升管理，严谨、严格的晋升条件，政策化的教师休假制度、人性化的教师薪酬管理、多样性的福利政策，权力具体化的教师申诉与申请制度等特点。

唐鑫铭（2016）对美国匹兹堡大学教师管理制度进行了调查，了解其遴选不同层次教师的标准与程序；规范的学术管理制度，其中重点探讨学校在维护教师的学术权力、学术诚信与教师申诉等方面的措施；福利制度在稳定教师队伍、吸引优秀教师方面所发挥的作用。

费纳新（2018）以历史的视角考察了哈佛大学教师聘任制度的形成与发

展，其中重点分析了二战后哈佛大学教师的聘任原则与资格、聘任类型、聘任程序、考核与晋升机制等问题，发现其教师聘任制度所具有的公平公开的招聘过程、科学合理的考核体系等特点，并对哈佛大学能够建立一套完善的教师聘任制度进行了社会、经济、政治、文化等方面的因素分析。

曹俊（2015）以威廉玛丽学院为例探寻美国大学教师晋升制度，研究发现学缘关系、民族、种族关系、性别因素、公民身份、人力资本因素等非学术因素越来越重要地影响着教师的晋升。首先，提出晋升制度应当遵循共同治理的理念，教师和学术人员享有学术的自由，教师和专业学术人员在设置学术晋升标准上应发挥主导作用，在晋升决策方面应享有优先权；其次，应当充分扩大共同治理的参与度，教师工会或联盟、大学教授会、教师评议会以及其他外部认证机构应当在晋升中发挥重要作用，不仅仅是参与权，而是要赋予投票权和决策权。

张艳梅（2015）以阿默斯特学院为例探析了美国高校教师管理制度，发现该学院教师管理制度运行规律是制定严格的招聘和考核标准，为教师发展提供广阔的平台，合理促进教师流动，建立严格的晋升和淘汰制度，鼓励教师和社会广泛参与到教师管理活动中。

范明等（2016）梳理美国学术假制度的发展历程，并基于成就需要理论分析学术假制度的构建特点，以美国南佛罗里达大学、佩斯大学为例，发现学术假制度能够激发教师的工作热情与潜力，能够满足与提高教师的成就需要、权力需要以及亲和需要，能够促进教师学术水平的提高，为教师进一步提升自己、取得更高的成就提供支持。

庞然等（2014）详细分析加州大学戴维斯分校的教师招聘流程、聘任制度、教师管理、考核及晋升体系，并对其中的理念及特点进行总结，即以提升教师素质为出发点，健全的人事制度为保障，明晰的管理和流程为支撑，责任负责制为监督。

罗仲尤等（2015）以加州大学作为调查对象，发现美国公立大学教师薪酬制度坚持保障优先，注重隐性激励，结构简单清晰，专任教师普遍实行年薪制。

加州大学的薪酬水平基于教师专业技术职务和薪级两个维度，兼顾内部公平、优劳优酬和外部竞争性，这种契合大学组织特性与教师职业劳动特点的制度设计，既减少了学术功利主义的影响，又让教师工作绩效与薪酬联动，形成了较强的内在动力。

第三节 国外教师管理的经验借鉴

德国、英国、日本、美国四国教师管理的运行及特点对我国高校教师人事编制管理有着深刻的启示，本研究认为，我国高校可以从这些国家教师管理的经验中获取如下借鉴。

一、文化构建：以人为本、学术自由

（一）以人为本，立足教师成长，建设优秀教师团队

始终贯彻"以人为本"理念，实现高校教师管理中科学理性管理和人性化管理相结合。教育需要回归人性，高校教师是教育活动的主体之一，其管理也应从人性的需求出发。以知识型员工为特点的高校教师是一个较为特殊的群体，表现在成就需要强、自我发展意愿高。高校教师管理的出发点与终点都应落在教师的成长与发展上。高校应崇尚以人为本的现代管理理念，追求教师管理人性化，了解教师的需求，尊重教师的意愿，增强教师的归属感，营造尊师重教的良好氛围，建立一套科学的、有利于人才培养和使用的激励模式，充分调动广大教师的积极性，发挥他们的创造力，增强他们的责任感和使命感，激发他们的积极性和创造力。

建设高水平优秀的师资团队，教师招聘借鉴美国高校教师队伍建设的优秀和多元两个基本理念。首先，严把教师聘任"关"，注重优秀（excellent），即将高素质人才引进大学，通过发挥他们知识创造和学术再生产的能力，构建大学的核心竞争力；其次，科学合理构建教师队伍，强调多元（diverse），不同

类型的学校对自己所需的教师有不同的要求或规范，但都致力于寻找到适合于自己特色的教师。最后，通过晋升制度的运行安排来更好地激励教师的学术与能力的提升。

（二）学术自由，倡导自主管理，确立教师治校

大学的自身逻辑根植于高深学问的持续活动中，学术性是其本质属性，发现和传播真理、发展和繁荣学术是其核心使命。学术自由是从事高深学问的学术性智力活动的保障，是永远不能放弃的"要塞"（朱景坤，2012）。追求学术自由和学术自治应当是大学的终极价值，而大学作为一个研究高深学问的学术组织，从本质上讲是人的集合，更确切地讲是以学术自由为导向的人才或学者的集合，高效合理的晋升制度安排及其运作有助于激发大学教师对真理和自由精神价值的探寻和追求。公平公正晋升制度也是大学民主管理的体现，一定程度上使大学教师摆脱外部政治等因素的干扰，而专注于高深学问的研究。

目前，我国大学教师管理存在行政力量对学术干预过多的情况。许多大学的民主决策机构有名无实，在学校招聘和重大学术事务上通常由学校党委决定，教师很少参与决策，更多的是以行政命令代替民主决策。因而要健全大学教师民主监督制度和公开化制度，包括大学各个群体、各个部门对大学领导机构的监督，充分发挥民主决策机构的作用并参与学校民主管理，努力使各种监督规范化和法制化。要建立大学教师自治机制，实现教师在自身管理中的自主地位，如教师设岗、聘用、考核、评价、工资薪酬待遇、研究经费、晋升、解聘等。消除行政化倾向，把大学教师管理由行政化向学术化过渡，要用大学的逻辑取代官本位逻辑，避免官本位伤害学术研究。

政府应通过大学举办者、办学者、管理员者"三位一体"的全能型的身份，重点行使其高校监督职能和保障职能。将学校与行政级别相脱离，给予大学更多的自主权，学校领导由学校学术任命委员会的选举选出，做到真正的学校本位、学术治校、教师治校的治理框架。

二、制度建设：公平、公开、公正

教师流动困难、教师的合法权益得不到有效保障以及教师不能得到充分的个性化发展等，这些问题长久困扰着我国高水平师资队伍的建设，进而不利于我国实现从高等教育大国向高等教育强国的转变。制度是促进教师队伍有序发展的根本保证。制定和构建师资管理体系，对教师的聘任、考核奖励、工资福利、培训与专业化发展等进行制度化的规定，才能实现高校师资管理的科学化、规范化和有序化。

制度建设中要注重顶层设计，加强大学章程建设。大学章程不仅是高等学校依法自主管理，实现依法治校的必要条件，也是明确高等学校内外部权利义务关系，促进高校完善治理结构、科学发展、建设现代大学制度的重要载体。2011年教育部颁布实施的《高等学校章程制定暂行办法》规定，章程是高等学校依法自主办学、实施管理和履行公共职能的基本准则。高等学校应当以章程为依据，制定内部管理制度及规范性文件、实施办学和管理活动、开展社会合作。建立一套以提高教师队伍素质为核心目标的教师管理体系，为教师准入与晋升提供确切依据。该体系内容浩大详实，但层次结构清晰，具有很强的可操作性，并且符合"有法必依，执法必严"的制度理念。分门别类的教师考核与晋升机制，配以规范、成熟的程序流程，提高运作效率，减少误差，助力高校人力资源管理的公平。

制度执行中首先要推进大学信息公开，让教师具有知情权，在信息上做到公开、透明、有效，以多种形式公开学校办事制度、办事程序和办事结果，特别是公开财务预决算和收支情况。我国高校也应当进一步加大校务公开力度，通过多种形式及时向教职工公开学校重大决策、财务收支情况、教职工福利待遇、人事任免以及其他事项。公开事项的信息主要包括内容、程序、方式、范围、时限、保障机制和组织领导等。其次要开展民主参与制度建设，让教师具有参与权，形成内部权力监督机制，防止权力滥用或不作为。最后要建立校内申诉制度，赋予申诉机构一定的终审权，在职称评定等重点领域，启动行政复议和行政诉讼制度，保障教师管理的公正。

三、实践执行：加大国家财政教育投入，践行高校人力资源管理

加大国家财政教育投入。百年大计，教育为本，当前我国正处于从高等教育大国到高等教育强国跨越的新时代。《统筹推进世界一流大学和一流学科建设总体方案》指出，高校需要承担建设一流师资队伍、培养拔尖创新人才、提升科学研究水平、传承创新优秀文化、着力推进成果转化等五个主要方面的任务，其中首要的任务便是建设一流师资队伍。充足的资金是各高校引进教师、发展教师、稳定教师团队的有效保障条件，只有大幅增加财政教育投入，建立高校人力资源开发所需的稳定资金是解决高校教师管理人员的前提之一。同时做好大学的财政安全保障工作，建立和完善财政体制，改革教育财政的管理工具，从制度上保证支持高等教育、科学管理。

践行高校人力资源管理。教育财政投入的效益需要通过践行人力资源管理得以实现。目前，我国高校普遍使用的是传统的人事管理系统，即在一定的管理思想和原则指导下，运用组织、协调、控制、监督等手段，在高校人与人之间、人与事之间形成的关系，以达到一定的目标范围的管理活动。这种管理是从事社会劳动相关事宜的人与相关事务的管理，强调人际关系，忽略人力资源管理的科学性，导致缺乏效益性。我国高校应实施人力资源管理，专注于发展教师人力资源，积极吸收最新管理理论，致力于人才的合理充分利用，加强培训，在学习发达国家教师管理的先进经验下，立足于中国实情，在我国高校人力资源管理的进、管、出三个主要流程中，走出一条新路。

（一）进：完善编制管理的筛选机制

建立完善的中国特色现代大学制度和治理体系，"非升即走"制将成为中国高校教师管理的趋势。尽管其竞争激烈、考核残酷，但是却是高校筛选人才的优良机制，有其存在的必要性和合理性。我国高校的编制管理可尝试将"非升即走"终身教职制度中国化，建立"编制"激励导向的岗位聘用和编制管理

相结合的教师聘任制度，一方面，不仅能吸纳更为优秀的教师加入教师队伍，建立一支优秀的构成合理的高校教师队伍，保证高校未来发展高度与战略方向的实现，而且能为高校甄别与筛选出适合的、真正热爱高校教育事业的优秀人才，能高效利用国家教育财政投入，大大提升人力资源管理的效率。另一方面，与编制结合的岗位有效地实现了对高校青年教师的激励，激励青年教师保持持续的学术生产力。

（二）管：发扬编制管理的激励机制

人事编制管理的主要实践有人职匹配、任务委派、工作设计、聘任制度、晋升制度、岗位制度等，这些管理实践活动全方位围绕着激励教师提升绩效的目标，发扬编制管理的激励机制包括设计合理的岗位人员结构比例，并对所有岗位进行人员匹配，建立科学合理的聘任晋升机制，促进人员流动，实现对高校人力资源及其成本的控制，提升高校教师的工作热情和科研动力，助力打造更具竞争优势和科研活力的高校师资队伍。

（三）出：保持编制管理的过渡策略

我国事业单位的人事编制管理延续于计划经济时代，改革做不到一蹴而就，面临着一定的阻力，因此人事编制管理执行既要考虑发展，又要思考稳定，制度需要兼顾刚性与柔性的统一。在执行严格的准入和晋升标准下，一方面，注重不同个体的多元需求，在一些具体的考评中不搞"一刀切"，有效兼顾教师个体的利益诉求，增强制度的生命力；另一方面，实行分类管理和分类评价，只有和谐的外部环境、严谨的法律基础、严格的晋升制度和评价机制、合理的退出程序才能实现编制管理改革的平稳过渡。

第四章　高校人事编制管理中国选择以及发展趋势

高校教师的管理，作为高等教育系统中的子系统，难以回避国家权力、市场力量和学术权力三角式的平衡与制约关系。贯穿现实高等教育管理情境中的教师管理还涉及高校的办学理念、治理模式、控制机制等深层次问题（岑红霞等，2018）。各国政治体制、经济发展阶段、历史文化传统、人口构成特征等一系列不同，导致各国高校在平衡国家权力、市场力量和学术权力三种权力模式时会有很大的差异。我国高校人事编制管理在起源、高等教育投入主体、学术权力等方面与国外高校有着一定的独特性，完全照搬国外高校教师管理经验，会忽视自身问题，很容易导致水土不服，进而失去方向甚者误入歧途，因此在了解学习国外发达国家先进经验的前提下，做出符合本国国情的抉择变得尤为必要。

本研究提出高校人事编制管理的中国选择应适应我国国情，遵循以先进理念为纲领，以解决我国现存的实际问题为起点，以全方位激励高校教师为终极目标为归宿的三条原则。第二章以湖南省为例，对我国高校教师人事编制管理现存问题进行了深层次分析，第六章提出了详尽的高校人事编制管理策略与建议，这两点不再赘述，本章首先将着重解读国家的相关政策如"放管服"改革、《全面深化新时代教师队伍建设改革的意见》、全国教育大会，分析其渗透出的先进理念，用以指导高校人事编制管理改革，最后，提出未来我国高校教师人事编制管理的发展趋势。

第一节 高校人事编制管理中国选择

一、以先进理念为纲领

我国高校要以国家政策释放的理念为人事编制管理改革的纲领,"加快经济结构优化升级"是当前高校人事编制管理改革的大背景;习近平同志在全国教育大会上提出的"发展教育事业、加快教育现代化、建设教育强国"为高校人事编制管理改革的目标;我国当前处于治理体系大改革中,"放管服"改革、"供给侧"改革等相关政策的出台,《全面深化新时代教师队伍建设改革的意见》的发布,全国教育大会的召开等为高校人事编制改革提供了新的机遇与方向。

(一)"放管服"改革

2016年5月9日,国务院召开全国推进"放管服"改革电视电话会议。中共中央政治局常委、国务院总理李克强发表重要讲话。李克强总理在《政府工作报告》中提出,持续推进简政放权、放管结合、优化服务,不断提高政府效能。其中,"放",中央政府下放行政权,减少没有法律依据和法律授权的行政权;理清多个部门重复管理的行政权。"管",政府部门要创新和加强监管职能,利用新技术新体制加强监管体制创新;"服",转变政府职能,减少政府对市场进行干预,将市场的事推向市场来决定,减少对市场主体过多的行政审批等行为,降低市场主体的市场运行的行政成本,促进市场主体的活力和创新能力。

"放管服"改革无疑给高校人事编制改革提供了明确的方向,根据对"放管服"改革的解读,本研究认为"放管服"下高校人事编制管理改革价值体现在"人本""法治""效益""和谐"上,最终应实现高校人事编制管理的三大目标,即尊重高校人力资源发展规律,释放人事编制管理的活力;通过规模控制和规划制定,实现对高校的宏观调控;通过减权去冗,实现高校自主办学。

1. 和谐

健康社会是一个和谐、完善、动态运转的大系统，这个宏大而复杂的系统需要协调每一个子系统之间的关系以及各个子系统内部的关系，整个系统才能得以动态稳定运转。高校这个子系统肩负着培养社会主义建设者重任，是整个社会的引领者，在全社会范围内具有示范样本作用，是实现中国梦的重中之重。高校人事编制管理需要实现政府、高校、教职员工之间的高度和谐，需要保证高校人力资源配置、使用与开发等活动符合规律地高速运行，保持整个系统积极持续向上发展的态势。

高校人事编制管理要逐步形成政府主管部门、高校人事职能部门、院部三个层级协调运转、权力下沉的管理体制，一方面政府主管部门向高校放权，另一方面高校人事职能部门向院部放权。高校是一个特殊的组织，它既有着所有非盈利和盈利性组织的共性，也有着它的独特性，减少对学校的人、财、物等相关具体工作的直接和近距离管理和控制，以市场力量取代政府干预，将更多的决策权下放给学校，赋予它们更大的弹性，将更有利于其发展。院部是高校运行的基本单位，人事编制管理权力下放到院部，将实现高校人力资源选聘、使用与开发精准对接，大大提高管理效率。权力下沉的高校人事编制管理实现政府、高校、教师的和谐，保障各高校之间人、事、物等资源的合理配置与流动，实现高校内部人、事、物三要素的和谐。

2. 法治

十四届四中全会提出的"全面推进依法治国"，即依法治国、依法执政、依法行政，建设法治国家、法制政府、法治社会，做到重大改革需要有法有据。

高校人事编制管理改革必须要在法治轨道上推行，必须以法治思维和法治方式来推进。法规对实现工作程序的规范化、岗位责任的法规化、管理方法的科学化起着重大作用，高校人事编制管理制度的制定必须以有关政策、法律、法令为依据，同时制度本身要有程序性，为人们的工作和活动提供可供遵循的依据。

3. 效益

高效运转的政府机构需要科学的方法和先进的技术作为支撑，即以科学的知识合理设计组织的机构和岗位，实现人员的优化配置；先进的信息技术手段保障管理的规范性和效率性。

高校人事编制管理实质是国家对高等教育人力资源的宏观调控和计划配置，运用科学的方法组织设计，对人力资源的获取、配置、使用、保护等各个环节进行策划，以确保高校获得学科建设必需的人才，保证事（岗位）得其人、人尽其才，从而实现人力资源与其他资源的合理配置，有效激励、开发教师，总之，用最少的人办最好的事，保障人力资源配置的效益。同时，通过互联网等技术手段来提高管理效率和工作透明度，降低制度性交易成本。

4. 人本

党的十九大突显了以人民为中心的发展思想，强调社会管理的核心理念即以人为本，高校教师是知识经济社会发展的生力军，更需要贯彻"以人为本"的理念，强调管理的主体是人，出发点是人，以人民的利益为本，归宿与终结也是使人民受益，改革的目的是更大范围内给人民谋取便捷与福利。"放"是政府下放权力，让企事业单位发挥自己的能力，让企事业单位的人发挥自己的潜力，实现自我管理；"服"改变了过去政府高高在上的角色定位，与下级企事业单位建立平等与协作的关系，更体现了一种尊重人、重视人、为人服务的理念。

高校人事编制管理应以教职员工的根本利益为出发点，根据知识型员工特点使用与开发人力资源，使教师潜力得到全面发挥，人性得到最完善的发展。

（二）《中共中央 国务院关于全面深化新时代教师队伍建设改革的意见》

习近平总书记指出，国家繁荣、民族振兴、教育发展，需要我们大力培养造就一支师德高尚、业务精湛、结构合理、充满活力的高素质专业化教师队伍；同时，指出建设政治素质过硬、业务能力精湛、育人水平高超的高素质教师队伍是大学建设的基础性工作。党中央从新时代坚持和发展中国特色社会主义、实现中华民族伟大复兴的中国梦的战略全局出发，对新时代高素质教师队伍建设作出的深刻论断，为加强新时代高校教师队伍建设改革提供了根本遵循。

2018年1月20日，《中共中央 国务院关于全面深化新时代教师队伍建设改革的意见》（以下简称《意见》）（见附录2）中释放出如下的思想与观念，引领着我国高校人事编制管理发展道路。

1. 确保方向

《意见》提出加强思想政治引领，坚持党对教育事业的全面领导，确保党牢牢掌握教师队伍建设的领导权，坚持依法治教、依法执教，坚持严格管理监督与激励关怀相结合，充分发挥党委（党组）的领导和把关作用，围绕着坚持优先发展教育事业，坚持社会主义办学方向，坚持扎根中国大地办教育，坚持以人民为中心发展教育。

培育弘扬高尚师德，坚持把立德树人作为根本任务，提高教师思想政治素质和职业道德水平摆在首要位置，把社会主义核心价值观贯穿教书育人全过程，突出全员全方位全过程师德养成，推动教师成为先进思想文化的传播者、党执政的坚定支持者、学生健康成长的指导者。

明确高校人事编制管理的目标与方向，保证教师队伍建设正确的政治方向，即建设一支坚持共产党领导，把服务中华民族伟大复兴作为教育的重要使命，师德高尚的高校教师队伍。

2. 加大投入

《意见》指出加大经费投入，保障教育优先，提出各级政府要将教师队伍建设作为教育投入重点予以优先保障，完善支出保障机制。开拓多方投入渠道，优化经费投入结构。健全以政府投入为主、多渠道筹集教育经费的体制，充分调动社会力量投入教师队伍建设的积极性。突出投入方向，优先支持教师队伍建设最薄弱、最紧迫的领域，重点用于按规定提高教师待遇保障、提升教师专业素质能力。

经费投入和合理使用是建立优秀教师队伍的保障，强化经费保障、规范经费使用、制定严格的经费监管制度、确保使用效率也是高校人事编制管理实践执行的要点。

3. 深化改革

《意见》指出深化高等学校教师人事制度改革。积极探索实行高等学校人员总量管理。严把高等学校教师选聘入口关，实行思想政治素质和业务能力双重考察。严格教师职业准入，将新入职教师岗前培训和教育实习作为认定教育教学能力、取得高等学校教师资格的必备条件。适应人才培养结构调整需要，优化高等学校教师结构，鼓励高等学校加大聘用具有其他学校学习工作和行业企业工作经历的教师的力度。

推进高等学校教师薪酬制度改革。建立体现以增加知识价值为导向的收入分配机制，扩大高等学校收入分配自主权，高等学校在核定的绩效工资总量内自主确定收入分配办法。高等学校教师依法取得的科技成果转化奖励收入，不纳入本单位工资总额基数。完善适应高等学校教学岗位特点的内部激励机制，对专职从事教学的人员，适当提高基础性绩效工资在绩效工资中的比重，加大对教学型名师的岗位激励力度。

依此，高校人事编制管理改革势在必行。通过优化人才引育体系、科学合理使用人才、推进人才评价机制改革等举措来加强人才体系顶层设计。薪酬制度一方面通过提高专职教师的基本收入保障整体高校教师待遇的水平，另一方面引入知识价值为导向的收入分配机制来激励高校教师的成长与发展。

4. 下放权力

《意见》提出推动高等学校教师职称制度改革，将评审权直接下放至高等学校，由高等学校自主组织职称评审、自主评价、按岗聘任。条件不具备、尚不能独立组织评审的高等学校，可采取联合评审的方式。推行高等学校教师职务聘任制改革，加强聘期考核，准聘与长聘相结合，做到能上能下、能进能出。教育、人力资源社会保障等部门要加强职称评聘事中事后监管。深入推进高等学校教师考核评价制度改革，突出教育教学业绩和师德考核，将教授为本科生上课作为基本制度。坚持正确导向，规范高层次人才合理有序流动。

职称评定是高校教师晋升制度的核心政策，职称评审的权力下放，意味着政府相关主管部门对高校教师人事编制管理中仅发挥监管功能，高校真正做到学校自治。

（三）全国教育大会

2018年9月10日，全国教育大会（以下简称"大会"）在北京召开，习近平总书记出席会议并发表重要讲话。他强调，在党的坚强领导下，全面贯彻党的教育方针，坚持马克思主义指导地位，坚持中国特色社会主义教育发展道路，坚持社会主义办学方向，立足基本国情，遵循教育规律，坚持改革创新，以凝聚人心、完善人格、开发人力、培育人才、造福人民为工作目标，培养德智体美劳全面发展的社会主义建设者和接班人，加快推进教育现代化、建设教育强国、办好人民满意的教育。

本研究根据"大会"重要思想划出三个重点，对于高校人事编制管理发展有重要指导意义。

1. 加强党的领导

"大会"指出坚持党对教育事业的全面领导，坚持把立德树人作为根本任务，坚持优先发展教育事业，坚持社会主义办学方向，坚持扎根中国大地办教育，坚持以人民为中心发展教育，坚持深化教育改革创新，坚持把服务中华民族伟大复兴作为教育的重要使命，坚持把教师队伍建设作为基础工作。

"大会"提出加强党对教育工作的全面领导，是办好教育的根本保证。教育部门和各级各类学校的党组织要增强"四个意识"、坚定"四个自信"，坚定不移维护党中央权威和集中统一领导，自觉在政治立场、政治方向、政治原则、政治道路上同党中央保持高度一致。各级党委要把教育改革发展纳入议事日程，党政主要负责同志要熟悉教育、关心教育、研究教育。各级各类学校党组织要把抓好学校党建工作作为办学治校的基本功，把党的教育方针全面贯彻到学校工作各方面。要精心培养和组织一支会做思想政治工作的政工队伍，把思想政治工作做在日常、做到个人。

"大会"一如既往地强调党对教育事业的全面领导，高校人事编制管理需要围绕党的教育方针政策，深化高校内部改革，牢牢把握中国特色社会主义办学方向，建设一支高水平的教师队伍，为实现中华民族伟大复兴奠定坚实基础。

2. 明确评价导向

"大会"指出要深化教育体制改革，健全立德树人落实机制，扭转不科学的教育评价导向，坚决克服唯分数、唯升学、唯文凭、唯论文、唯帽子的顽瘴痼疾，从根本上解决教育评价指挥棒问题。

高校人事编制管理目的在于建立一整套教师聘任、组织管理、评定制度，以激励优者从教，落实教者从优，然何为优者？"大会"明确了教育评价标准，注重凭能力、实绩和贡献评价教师，破除"五唯"和论文"SCI至上"。

3. 激发体制活力

"大会"指出要深化办学体制和教育管理改革，充分激发教育事业发展生机活力。要提升教育服务经济社会发展能力，调整优化高校区域布局、学科结构、专业设置，建立健全学科专业动态调整机制，加快一流大学和一流学科建设，推进产学研协同创新，积极投身实施创新驱动发展战略，着重培养创新型、复合型、应用型人才。

高校人事编制管理需要有灵活性，不能一刀切，高校人才引进、管理与激励，教师队伍建设的构成要致力于高校科技创新的目标，最终服务于区域经济与社会的发展。

二、以解决问题为起点

我国高校人事编制管理应以解决目前存在的问题为起点，具体如下。

第一，专任教师人数总量不足，生师比紧张。陈泽等（2013）发现不同国家不同地区高校的生师比存在很大差异，发展中国家的生师比明显高于发达国家或地区的生师比。德国、美国、日本、英国四个传统教育强国生师比明显较低，世界著名高校的生师比也明显较低。如表4-1、表4-2和表4-3所示，美国、英国著名高校与我国10所国家重点建设大学（含国家优先发展大学）相比较，美国排名前十的大学平均生师比为6.5∶1，我国这10所大学的生师比是13.29∶1，排名前十位大学的平均生师比为13.22∶1。我国这10所大学的生师比显著高于美英高校，是美国著名高校的两倍有余。

表4-1　美国著名高校生师比

大学名	哈佛	耶鲁	加州理工	麻省理工	斯坦福	宾州	哥伦比亚	杜克	芝加哥	普林斯顿
生师比	8∶1	7∶1	3∶1	7∶1	7∶1	7∶1	7∶1	9∶1	4∶1	6∶1

表4-2　英国著名高校生师比

大学名	剑桥大学	牛津大学	伦敦帝国学院	伦敦大学学院	爱丁堡大学	伦敦大学国王学院	曼彻斯特大学
生师比	10.9∶1	11.7∶1	10.2∶1	8.7∶1	12.5∶1	10.8∶1	12.7∶1

表4-3　中国著名高校生师比

大学名	北京大学	中国人民大学	复旦大学	武汉大学	中山大学
生师比	11∶1	15∶1	13∶1	15∶1	16.7∶1
大学名	浙江大学	中国科技大学	哈尔滨工业大学	上海交通大学	清华大学
生师比	12∶1	14∶1	16.5∶1	10.3∶1	9.4∶1

资料来源：陈泽，胡弼成.生师比：人才培养质量的重要指示器[J].大学教育科学，2013（3）：118-124.

本研究统计了1999—2020年中国高校普通本、专科在校学生人数以及高校教师专任人数（表4-4），可以看出中国高校的生师比，从1999年的9.60∶1，除个别年限相对于前一年有小幅降低，整体逐年递增，到2012年达到16.60∶1，2012年之后仍旧以增长为主要趋势，除2013年小幅下降到16.49∶1之外，到2020年达到17.92∶1。本书第二章以湖南省高校为例，对湖南省高校的生师比数据进行了统计分析，湖南省高校平均每一专任教师负担的学生从2011年的17.46人逐年持续上升至2021年的23.04人（生师比的另一种表达方式）。不管是从历史进程还是从目前状况来看，我国高校生师比都是比较紧张的，并且没有任何缓解的趋势。生师比紧张是我国高校人事编制管理要解决的问题，也是我国高等教育发展面临的大考验。

第二，人员整体结构与专任教师内部结构欠科学、合理，组织机构设置未能实现精简、协调、有效率。丁小浩（2000）在《中国高等学校规模效益的实证研究》中指出，美国不同层次的高等学校通常有基本的比例规范，如麻省理

表4-4 1999—2020年中国高校普通本、专科在校学生及专任教师基本情况

年份	普通本、专科在校学生数			高等学校专任教师数						生师比
	本科	专科	合计	正高级	副高级	中级	初级	无职称	合计	
1999	2 724 421	1 361 453	4 085 874	39 359	125 900	156 390	83 196	20 837	425 682	9.60
2000	3 400 181	2 160 719	5 560 900	43 674	138 820	166 607	89 090	24 581	462 772	12.02
2001	4 243 744	2 946 914	7 190 658	50 678	161 333	187 199	101 386	31 314	531 910	13.52
2002	5 270 845	3 762 786	9 033 631	60 210	186 293	210 992	120 229	40 695	618 419	14.61
2003	6 292 089	4 793 553	11 085 642	70 063	216 161	240 555	146 092	51 787	724 658	15.30
2004	7 378 436	5 956 533	13 334 969	83 231	250 251	280 905	183 285	60 721	858 393	15.53
2005	8 488 188	7 129 579	15 617 767	96 552	278 200	311 958	214 714	64 415	965 839	16.17
2006	9 433 395	7 955 046	17 388 441	108 856	304 830	352 210	239 482	70 611	1 075 989	16.16
2007	10 243 030	8 605 924	18 848 954	119 651	326 300	394 449	256 962	70 938	1 168 300	16.13
2008	11 042 207	9 168 042	20 210 249	128 966	342 699	435 640	258 320	71 826	1 237 451	16.33
2009	11 798 511	9 648 059	21 446 570	138 161	360 675	477 541	247 962	70 909	1 295 248	16.56
2010	12 656 132	9 661 797	22 317 929	148 552	377 225	516 938	231 099	69 313	1 343 127	16.62
2011	13 496 577	9 588 501	23 085 078	159 691	394 689	549 921	218 431	69 944	1 392 676	16.58
2012	14 270 888	9 642 267	23 913 155	169 423	412 692	576 013	209 811	72 353	1 440 292	16.60
2013	14 944 353	9 736 373	24 680 726	181 501	432 356	596 954	203 713	82 341	1 496 865	16.49

表4-4（续）

年份	普通本、专科在校学生数			高等学校专任教师数						生师比
	合计	本科	专科	合计	正高级	副高级	中级	初级	无职称	
2014	25 476 999	15 410 653	10 066 346	1 534 510	189 136	448 625	613 729	195 763	87 257	16.60
2015	26 252 968	15 766 848	10 486 120	1 572 565	196 038	462 825	627 635	191 774	94 293	16.69
2016	26 958 433	16 129 535	10 828 898	1 601 968	202 154	473 801	636 438	188 893	100 682	16.83
2017	27 535 869	16 486 320	11 049 549	1 633 248	208 917	490 184	644 154	181 785	108 208	16.86
2018	28 310 348	16 973 343	11 337 005	1 672 753	217 874	504 719	655 883	178 390	115 887	16.92
2019	30 315 262	17 508 204	12 807 058	1 740 145	229 157	525 371	673 857	180 196	131 564	17.42
2020	32 852 948	18 257 460	14 595 488	1 832 982	242 951	550 705	698 705	190 277	150 344	17.92

摘自：国家统计局1999—2020年统计年鉴。

工、斯坦福等校的教授占全体教师比例的50%以上，一般教学研究型大学中教授占35%左右，社区学院中教授只占8%左右。由表4-4数据可知，我国高校教授占全体教师比例仅为13.2%，副教授占全体教师比例为30.04%，和美国这些高等学校比较，这种比例显然是不合理的。

第三，人事编制管理运行中，未能达到法规完善、决策程序高效优化、管理实践办法科学，整个人事编制管理系统缺乏活力。

第四，以编制为激励基础的人事编制管理，未能有效开发教师潜能，助力教师发展，全面激发高校教师的积极性。总体来说，高校人事编制管理办法有着一定的激励作用，但是高校人事编制管理还是具有管理方法太僵硬、灵活性不强、创新不够等缺点。

三、以终极目标为归宿

我国高校人事编制管理应以全方位激励高校教师为归宿，从高校教师的人性需求如工作兴趣、身份认同、工作任务强度、工作任务性质等出发，制定高校人事编制管理策略，实现全方位激励高校教师这一终极目标。

制定高效人士编制管理策略具体如下：教师身份认同；建立合理的人职匹配运行机制；任务委派中平衡规范性与灵活性、自主性与强制性；工作设计（包括任务特征、工作反馈性、任务来源多样性等）中贯穿惯例性与创新性；工作强度与难度有机结合；完善聘任制度与退出机制；实现晋升制度中艰难与畅通的平衡；岗位流动实现灵活性和稳定性相辅相成；促进和谐进取的组织与校园文化建设等一系列策略，目的是全方位激励高校教师。

第二节　高校人事编制管理发展趋势

目前，高校人事编制管理的具体问题以及教师管理的目标对未来高校人事编制管理会有很大的影响。本研究认为我国高校人事编制管理未来发展趋势将有以下特点。

一、政治引领

我国高校人事编制管理将继续坚持正确的政治方向，在以习近平为核心的党中央坚强领导下，全面贯彻党的教育方针，坚持社会主义办学方向，坚持立德树人，人事编制管理的具体实践以党中央部署要求为要领。高校人事编制管理将在全社会营造优秀人才争相从教、教师尽展其才的氛围，让高校教师在生活上有安全感、在社会上有荣誉感、在工作上有成就感。

二、自由自治

我国高校人事编制管理将以学术自由、高校自治为发展方向。党的领导与自由自治两个看似相矛盾的对立体，将更好地统一在我国高校的人事编制管理中。早在19世纪初期，德国洪堡认为，大学附属于国家，是国家的机构，提出"文化国家观念"，即高等学校应由国家举办、由国家管理。所以国家为大学提供外部的经费支持和组织保障是国家应履行的义务。这种管理观念又把大学的自由与自治看作是其存在的根本条件（吴清，2017）。国家为高等学校提供经费，建立一个相对独立的组织，并使其在安静和自由的环境中，不为物质条件所困，全心全意投入到真理的探索与科学的研究之中，只有这样才能产生创新变革、促进科学发展、实现社会进步，最终实现我国"发展教育事业、加快教育现代化、建设教育强国"的目标。

三、注重效益

我国高校人事编制管理实践将更注重效益，保证高等教育投入产出比。随着高等教育大众化进程的日渐深入，我国高校教师的质量和数量面临着更高的要求，高等教育经费投入不足、地区学校不均衡等问题将继续困扰国家及政府相关部门，围绕效率为核心的高校教师人事编制管理的改革迫在眉睫，即在加大教育投入的前提下，如何合理利用资金，注重效益？

基于教育经济学，高校人事编制管理是国家对高校人力资源的宏观调控和计划配置，并保障教育投资的有效利用及其经济收益。基于人力资本理论，高校人事编制管理是高校自身对人力资源的配置和结构优化。高校人事编制管理未来将更注重效益，着重运用科学的知识合理设计组织的机构和岗位，采用先进的信息技术手段达到管理的规范性和效率性，实现用最少的人，办最好的事，保障人力资源的配置效益。

四、追求公平

我国高校人事编制管理将力求公平。美国心理学家亚当斯的公平理论认为，人的工作积极性不仅与个人实际获得的回报多少有关，而且与人对回报的分配是否感到公平更为密切。人总会自觉或不自觉地将自己与他人进行比较，并对公平与否做出判断。动机的激发过程实际上是人与人进行比较，做出公平与否的判断，并据以指导行为的过程。德裔美国心理学家库尔特·勒温（Kurt Lewin）提出场动力理论，人是一个场（field），其心理活动是在一种心理场或生活空间里发生的。个人行为的方向和向量取决于环境刺激和个人内部动力。"一个人的动机行为是由其'心理生活空间'决定的"，所谓"心理生活空间"是指在某一时刻影响行为的各种事实的总体，既包括人的信念、感情和目的等，即个人内在"心理场"，也包括被知觉到的外在环境，即外在"环境场"。根据勒温的场动力理论，员工的工作绩效不仅与个人的能力和素质有关，也与其所处的环境（即他的"场"）密切相关。如果员工处于一个不适合的环境中，如人—组织不匹配，人际关系恶劣，待遇不公平，领导作风专断，不尊重知识和人才，则很难发挥其聪明才智，也很难取得应有的成绩。相反，如果员工处于适合自己的环境，则会激发工作激情，全身心地投入工作中，致力于提高工作绩效。

高校人事编制管理将致力于营造公平竞争的组织环境，使高校教师的行为方向与组织目标一致，保证教师聘用、晋升制度、薪酬制度的合理性、公平性、公正性，创造支持性的工作环境，从外部工作环境和个人内在动机上去激励员工,对教师产生积极性的影响,打造一个有利于员工发挥才能的"场",在高校教师中形成从单一的追求编制身份到更多元的追求学术声誉的校园文化。

五、激励导向

我国高校人事编制管理将更加注重激励。如果说公平性是指机会均等、标准一致、过程公开等,差异性就是指根据业绩、成绩的大小以及个人的需求、喜好特点给予适宜的激励,有了差别才会产生竞争,有了竞争就产生了激励。具有公平性的优良高校工作环境,能够将高校教师创造性与主观能动性充分发挥出来,有序和谐的高校竞争机制将催化人力资源本身所具有的内驱力,进而产生更好的绩效。高校将在保障教师权利和机会公平的前提下,合理引入竞争机制,充分激发高校教师创造性与工作积极性的作用。

高校人事编制管理策略的制定将基于激励理论(包括需求层次理论、自我决定理论、心理契约理论、双因素理论等),立足高校教师知识型员工的特点,深层次地透过高校教师的人性特点,探索高校教师的需求,最大限度地激发高校教师的潜力。

第五章　高校人事编制管理激励机制探索

很多研究者都在寻找创造性的方法来有效地引导员工的注意力，即人们常说的激励。Vroom(1964)认为激励是发起和指导行为的过程。Massie等(1973)认为，激励是涉及活动的相关思想，简单地说，是推动人前进并使人朝着目标前进的动力。工作激励可以定义为驱动和维持人类的动力工作生活中的行为（Steers，1975）。Mertler（2002）将激励定义为帮助人们集中精神和精力尽可能有效地完成工作的艺术。Pinder（1998）将工作激励描述为一组引发工作相关行为并决定其形式、方向、强度和持续时间的内部和外部力量。Thomas（2010）给出的定义是一种刺激个体采取行动的行为，这将导致达到某个目标或满足个体自身的某些心理需求。根据这些定义，不难看出了解人的心理及需求的特点是探索激励的关键，一系列的研究表明工作激励与人的心理，特别是人的心理需要有着错综复杂的联系。从长远来看，工作不能仅仅是为了获得物质财富的功能性行为。归根结底，一个人想要的是个人觉得有意义，而当工作缺乏这种特性时，以激励为目的的努力就很难实现（Morris et al.，1979）。动机来源于人类的基本需求，包括心理需求（Dweck，2017）。由此可见，高校人事编制管理策略与工作需求的关系，教师工作需求与教师绩效的关系，人事编制管理策略如何通过满足教师需求促进教师绩效的提升，明确这些问题才能清晰了解高校人事编制管理激励机制（图5-1）。

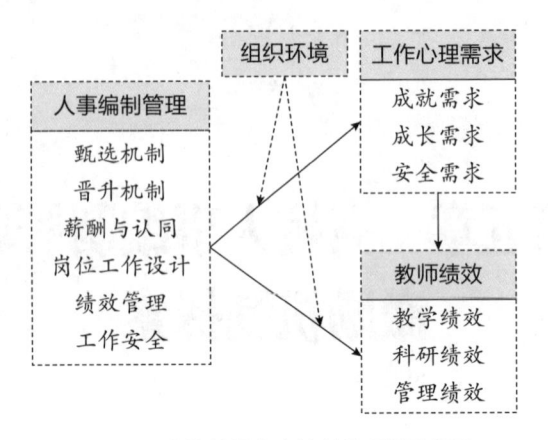

图5-1 高校教师人事编制管理激励模型

第一，编制管理、人职匹配、岗位工作设计、聘用与晋升机制等人事编制管理策略与高校教师的任务绩效（包括教学绩效和科研绩效）和关系绩效相关。

第二，高校教师工作需求在高校人事编制管理实践与教师绩效之间产生中介效应，即人事编制管理对于高校教师绩效的影响，通过成就需求、成长需求、安全需求等工作需求的满足得以加强。

第三，人口统计因素如年龄、学历、性别、职称等在高校教师人事编制管理与工作需求之间以及工作需求与教师绩效之间起调节效应。

第四，组织环境，即高校人事编制管理法规（包括法规的完善与科学、宣传与沟通、实施与反馈）、决策机制（包括决策的效率与权力的分布）、组织氛围（包括组织的支持性与公平公正性）等在人事编制管理与教师绩效之间起调节作用。

本章共分三节，第一节高校教师工作心理需求的构建与验证研究，第二节高校人事编制管理、教师绩效、工作心理需求关系研究，第三节探索高校人事编制管理、教师绩效、组织环境关系研究。

第一节 高校教师工作心理需求的构建与验证研究

需求一直是所有行为科学研究的基石。各种研究一致证实，需求满意度是员工绩效、工作成果、工作流动、生活成功、幸福感等的重要预测因素（Brien et al.，2012；Latham et al.，2005；Vansteenkiste et al.，2006；Parker，1991）。很多研究也证明，需求满足与亲社会倾向、创新行为、领导者行为等相关（Gagné，2003；Hetland et al.，2015）。

员工在工作中除薪酬、福利等物质需求之外有很多其他复杂的人性需求。基于工作满意的需求理论普遍认为不同个体在工作结果中获得的需求会有所差异（Graex，2019）。以知识型员工为特征的中国高校教师在工作需求超越物质层面之外，具有一定的共性和独特性，如注重工作自主性、追求身份的认同与声誉的提升、个人成就需要强等。国内研究者试图探索高校教师的需求满意度与工作满意度（熊洋 等，2015）、离职意向（段从宇 等，2019）、工作投入（徐长江 等，2017）、工作压力与社会支持（史茜 等，2010）、组织承诺（郭文斌 等，2019）和工作动机（张春虎，2019）等之间的关系。然而，这些研究对高校教师需求的测量使用的是临时构建的问卷或借助原有的很多领域里通用的基本需求量表，缺乏对我国高校教师工作心理需求科学的、具有针对性的有效测量，导致研究有一定的局限性。深层次探析高校教师工作中的人性需求，科学构建高校教师工作需求模型，明晰高校教师内不同群体的差异性，对于高校教师激励等相关行为的研究以及制定与实施高校人力资源管理策略有着深刻的理论与现实意义。

一、文献综述

（一）需求的研究

关于需求的研究大体经历了两个阶段，第一阶段是20世纪中叶至20世纪

80年代，这一阶段发展了许多强大的理论，如默里（Henry A. Murray）的人格理论、赫尔（Clark Hull）的驱力理论、马斯洛（Abraham H. Maslow）的需求层次理论、赫茨伯格（Fredrick Herzberg）的双因素理论、麦克莱兰（David McClelland）的三种需要理论等。赫尔的驱力理论认为，人有一系列天生生理需求，包括食物、水和性。这些生理需要如果得不到满足就会感到身体组织匮乏，形成驱动状态，促使身体保持正常。而默里对心理需求的观点是认为需求是后天获得的。根据默里的说法，需要被概念化为任何能使个人行动起来的东西。因此，默里的需求列表相当广泛，包含了积极心理发展（如自我实现）的驱动力，以及一些消极的动力（如贪婪）的驱动力。默里将人类的需求列为20个清单，其中包括成就、自主、游戏、性等。赫茨伯格的双因素理论将工作需求分成两类：一种是工作内容要素（如成就、进步、认可和责任），是满意度的主要来源；另一种是工作环境要素（如公司政策和管理、工作条件，与其他员工的关系），是不满意的主要来源。马斯洛的需求层次理论同样也将人的需求进行分类，分为生理需要、安全需要、归属感和爱的需要、尊重的需要和自我实现的需要。

第二阶段是20世纪80年代至今，自我决定理论一枝独秀，作为研究热点并一直延续到现在。系统数据类型（SDT）将人的需要分为自主性需要、能力需要和关联性需要，认为当人的自主性、能力和关联性需求得到满足时，激励取得了最佳效果，个人感到幸福。SDT广泛应用于领导行为、情绪衰竭和工作投入、工作特征、倦怠和投入、工作投入和工作满意度、工作倦怠。自我决定理论的基本需求理论（BPN），广泛应用于教育领域里如教师专业发展研究、教师培训、学术参与和学术成就、教师动机、教师政策、教师职业倦怠、学生学业成就等。

（二）需求量表的研究

基本心理需求（basic psychological needs，BPN）是指那些能够解释我们对心理成长、内化和幸福感自然倾向的最核心关键的因素（Deci et al.，2000），BPN是能够应用于所有领域中人的最基本需求，与之不同的是，基本工作心理需求（basic psychological needs at work，BPNW）是指在特定领域即工作中的基本心理需求（Gagné，2003）。BPN 和 BPNW 在 SDT 研究中得到了越来越多的关注（Sheldon，2012），很多研究者建立了量表进行测量，如表5-1所示，Gagné（2003）开发了基本心理需求量表（BPNS）；Johnston（2010）认为 BPNS 存在问题，并构建了一个简化的十六项三因素模型，基本心理需求满意度通表（BNSGS）；Sheldon（2012）探索了一种改进的工具，即心理需求平衡测量表（BMPN）。

关于 BPNW，Deci 等（2000）设计了基本工作心理需求量表（BPNW），以衡量在工作中满足自主性、能力和关联性需求的程度。从此，BPNW 的测量的研究不断发展，具体有工作基本需求满意度量表（BNSW-S）（Gagné，2003）、工作相关基本需求满意度表（W-BNS，Broeck et al.，2010）、工作基本需求满意度量表（BPNWS，Brien et al.，2012）、基本心理需求满意度和挫折感量表（BP NSFS；Chen et al.，2015）、需求满意度和挫折感量表（NSFS，Longo et al.，2016）、工作需求满意度量表（WNSS，Autin et al.，2019）等。

表5-1 关于基本心理需求（BPN）和基本工作需求（BPNW）的量表发展研究

量表	量表全称	作者	年份	研究贡献
BPNS	basic psychological needs scale 基本心理需求满意度量表	Gagné	2003	构建了基本心理需求满意度量表
BNSGS	basic needs satisfaction in general scale 基本心理需求满意度通表	Johnston	2010	评估 BPNS，并在基本心理需求满意度通表（BNSGS）中加入新的心理测量评估
BMPN	balanced measure of psychological needs 心理需求平衡测量表	Sheldon	2012	比较了 BPNS 和 BMPN，推荐 BMPN 是一个进步的量表
BPNWS	basic psychological needs at work scares 基本工作心理需求量表	Deci et al.	2000	衡量工作中自主性、能力和相关性需求满足的程度
BNSW-S	basic needs satisfaction at work scale 工作基本需求满意度量表	Gagné	2003	评估一般情况下的基本需求满意度，而不是具体情境下的
W-BNS	work-related basic need satisfaction scale 工作相关基本需求满意度表	Broeck et al.	2010	验证了工作相关基本需求满意度表

表5-1（续）

量表	量表全称	作者	年份	研究贡献
BPNWS	basic psychological needs at work scale 工作基本需求满意度量表	Brien et al.	2012	构建BPNWS，一种与工作相关的自我报告工具，旨在衡量三种需求
BPNSFS	basic psychological need satisfaction and frustration scale 基本心理需求满意度和挫折感量表	Chen et al.	2015	调查三种需求的满足和挫折在不考虑文化背景和人际差异下是否有助于参与者幸福和不幸福
NSFS	need satisfaction and frustration scale 需求满意度和挫折感量表	Longo et al.	2016	NSFS排除了模棱两可的项目和测量需求满足和挫折感的前因的项目上有所改进
WNSS	work needs satisfaction scales 工作需求满意度量表	Autin et al.	2019	开发了WNSS，旨在从工作心理理论角度衡量生存满意度、社会贡献和自决需求的工具

应该说，不管是BPN量表的研究，还是BPNW量表的研究都是发展并日趋完善的。本研究中高校教师工作心理需求指的是所有那些超越物质层面满足高校教师需求并能激励教师工作的心理需求。本节将在以上的研究成果以及量表的基础上，对高校教师工作心理需求进行构建并验证。

（三）我国高校教师工作需求的研究

目前，国外关于员工工作需求的影响因素及隐含的基本机制受到研究者的关注较少（Gieter et al.，2018）。国内关于我国高校教师群体工作需求的整体构成的研究也不多，主要的研究如下：李宝斌等（2013）探索高校教师工作需求由物质生活需求、学术发展需求、愉悦生活需求、安全感需求构成，整体结构呈环状型；白瑷峥（2011）将高校教师工作需求归纳为系统类需求、工作类需求、成就类需求、人际关系类需求；熊洋等（2015）借鉴基本心理需求理论的自主需求、关系需求和胜任需求来探索高校教师的离职行为；刘宇文等（2015）提出满足低层次需求是高校教师激励的基本保障，满足高层次需求是高校教师激励的最高目标，关注多样性需求是实现高校教师激励的有效途径。

这些研究对高校教师工作需求的探讨、绩效管理机制的构建、激励措施的制定有一定的参考价值，但是没有突出高校教师工作需求的独特性与情境性，清晰需求的层次性，突显内部不同群体的差异性，无法通过层级的激励，达到优良的绩效。

综上所述，本节将基于高校教师工作需求的独特性、情境性和层次性的特点，探索与构建我国高校教师的工作心理需求，研究建立在自我决定理论（self-determination theory，SDT）的基本心理需求理论（basic psychological needs theory，BPN）之上（Deci et al.，2000）。

二、高校教师工作心理需求层次模型的初步构建及问卷设计

本研究将在BPN和BPNW量表（表5-1）的基础上，对高校教师工作心理需求层次模型进行初步构建。

（一）高校教师工作心理需求层次模型的前提因素

1. 独特性

早在20世纪60年代，关于工作满意度，需求满足理论认为个人从他们工作中获得的结果方面（需要）存在着差异。激励你的东西不会激励我（Haivas et al.，2014）。一些人渴望成长，有内在激励的行为，这些属于内在价值观的群体，另一些人倾向于外在激励的行为，关注奖励和人们的赞扬，这些属于外在价值观群体。Haivas等（2014）发现即使在SDT理论中的三种需要中，自主性和能力需要的满足对那些有着内在价值观的群体有自动的激励效应，而人际关系需求的满足对于那些有外在价值观的群体有控制性的激励效应。我国的高校教师以内在价值观为特点，自我实现和成就需求驱使着他们获取自我发展，很多研究者发现该群体需求具有独特性，如被欣赏、发展和成就、学术发展、自我实现和长期发展等（李宝斌，2013）。

2. 情境性

SDT认为所有个体，无论其文化和年龄，都具有相同的基本心理需求BPN，这些需求的满足促进了个体最佳表现。研究人员在不同国家通过了BPN跨文化测试，如保加利亚、加拿大、法国、比利时、中国、美国和秘鲁

（Brien et al.，2012；Deci et al.，2000；Chen et al.，2015）。Vansteenkiste 等（2006）为不同年龄组的具有同样的基本心理需求提供了证据。然而有研究表明，国家与文化是员工心理的预测因素，如工作满意度（Jungert et al.，2018）。国家财富（发达或发展中）和文化（个人主义或集体主义）已被证明是内在工作特征和工作满意度之间的调节因素（Schwartz et al.，2001）。Ryan 等（2010）证明了文化背景影响动机信念在不同环境中的理解和表达方式。Petegem 等（2012）论证了个人的心理需求是一种社会结构，极度受特定社会文化背景的影响。

由于各国经济、社会、文化的不同，各国高校教师的岗位会有着很大的差异。我国高校教师工作岗位具有收入稳定、失业风险小、独立工作、社会地位高等特点。Gillet 等（2013）发现当参与者厌恶风险时，他们更倾向于国有组织。他的研究还发现非盈利组织的员工更看重社会服务，倾向于更好的认知匹配，更容易被指定的规则和综合的制度所激励。国内研究者发现，我国高校教师具有如安全感（李宝斌 等，2013）、自我认同和社会肯定（Gong et al.，2019）等工作心理需求，这些需求与我国高校的工作岗位特性产生很大的不谋而合，高校教师的工作需求具有中国特点，具有国家文化情境性。

3. 层次性

与马斯洛需求层次理论不同的是，SDT 理论没有给这三种需求予以特定排序（Broeck et al.，2010）。然而许多中国学者证明高校教师的需求是有层级的。刘宇文等（2015）提出，低层次需求是高校教师激励的基本保障，高层次需求是激励的最高目标；李宝斌（2013）发现，不同于马斯洛需求层次理论的是，高校教师的需求结构是杯形而不是金字塔形。本研究在构建高校教师工作心理需求时将考虑需求的层次性。

（二）高校教师工作心理需求层次模型的初步构建

基于以上高校教师工作心理需求层次模型的前提因素，本研究通过德尔菲法（具体问卷见附件4），最终构建高校教师工作需求层次模型（图5-2），揭示了高校教师工作需求各要素构成及激励基本运行机制。

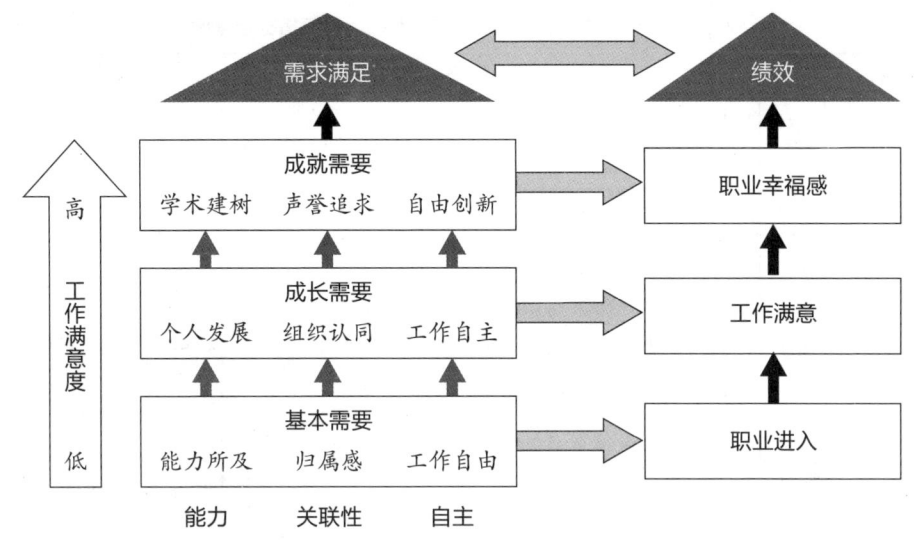

图5-2 高校教师工作需求层次及激励机制模型

高校教师这一群体在能力、关联性、自主方面都会有自身独特的需求，需求的存在驱动教师的动机，并产生相应行为。同时这些需求呈层级状，随着底层需求的满足，进入更高一层级的需求层面，这种需求、动机、行为在持续循环上升中形成了激励的效用，最终产生相应的绩效。

自主需要指个体体验到依据自己的意志和选择从事活动的心理自由感；胜任需要指个体体验到对自己所处环境的掌控和能力发展的感觉；关联需要指个体体验到与别人联系，爱和关爱他人以及被爱和被关爱的感觉。工作需求按基本需要、成长需要、成就需要三个层级分布，分别影响职业进入、工作满意、职业幸福感，其中基本需要包括工作自由、能力所及、归属感，成长需要包括工作自主、个人发展、组织认同，成就需要包括自由创新、学术建树、声誉追求。工作需求的满足从低层基本需要过渡到高层成就需要。

（三）高校教师工作心理需求层次模型的问卷设计

通过搜索文献、访谈、参考通用量表（见附录4）、发放开放式问卷以及请专家团队总结提炼等方式，形成高校教师工作心理需求模型的初始问卷题（见附录5），具体题项及依据等如表5-2所示。

表5-2 高校教师工作心理需求测量初始量表指标及来源

编码	维度	题目内容	来源
工作自由	gz1	1. 我觉得我可以决定如何过我的生活	Deci 和 Ryan（2000）的基本工作心理需求量表（BPNW），Gagné（2003）的工作基本需求满意度量表（BNSW-S），Broeck 等（2010）的工作相关基本需求满意度表（W-BNS），Brien 等（2012）的工作基本心理需求量表（BPNWS），Chen 等（2015）的基本心理需求满意度和挫折感量表（BPNSFS），Longo 等（2016）的需求满意度和挫折感量表（NSFS），Autin 等（2019）的工作需求满意度量表（WNSS）等，深度访谈，专家讨论
工作自由	gz2	2. 我觉得平常的情况下我可以做我自己	
工作自由	gz3	3. 我可以自由支配工作时间	
工作自由	gz4	4. 我有足够长并可以自由支配的假期时间	
工作自由	gz5	5. 我可以做我愿意做的事情	
能力所及	nl1	1. 我的能力适合自己现在的工作	
能力所及	nl2	2. 认识我的人告诉我我擅长自己的工作	
能力所及	nl3	3. 工作中我不是很有机会展示我的能力	
能力所及	nl4	4. 工作中我感觉不是特别有压力	
归属感	gs1	1. 我觉得我的工作让我有一些社会交往	
归属感	gs2	2. 工作中我觉得自己是群体的一部分	
归属感	gs3	3. 我的工作让我有安全感，不用过于担心失业再就业	
归属感	gs4	4. 我喜欢和学生、同事在一起	
归属感	gs5	5. 认识我的人会觉得我属于一个固定群体（高校教师）	
自主工作	zz1	1. 在工作中，我可以做我喜欢做的事情	
自主工作	zz2	2. 我每天与之互动的人往往会考虑我的感受	
自主工作	zz3	3. 对于工作中的问题，我通常可以自由地表达我的想法并提出意见	
自主工作	zz4	4. 我有机会决定工作中如何做事情	
个人发展	gf1	1. 我会觉得自己能胜任自己的工作	
个人发展	gf2	2. 我最近已经学会了有趣的新技能	
个人发展	gf3	3. 我欣喜于工作中不断努力取得的进步	
个人发展	gf4	4. 我欣喜于职业中的学习机会，如学历提升等	
个人发展	gf5	5. 我欣喜于职业中的发展机会，如职称晋升等	
组织认同	zr1	1. 我的学生对我的工作很认同	
组织认同	zr2	2. 我的同事对我的工作很认同	
组织认同	zr3	3. 我的上级对我的工作很认同	
组织认同	zr4	4. 我觉得自己工作很有意义	
组织认同	zr5	5. 我所在的组织会觉得我的工作有意义	

表5-2（续）

编码	维度	题目内容	来源
自由创新	zc1	1. 在选择自己的研究方向中，我有很多的自由	
	zc2	2. 在科研项目的开展中，我有很多自主权	
	zc3	3. 对于科研工作中的问题，我通常可以自由地表达我的想法并提出意见	
	zc4	4. 关于教学如何开展，我有很多自主权	
学术建树	xj1	1. 我形成了自己的研究领域	
	xj2	2. 我在我的研究领域里取得了一定的成绩	
	xj3	3. 我从我的科研工作中感觉到成就感	
声誉形成	sy1	1. 其他院和部门的老师会因为我的教学成绩或科研成果认识我	
	sy2	2. 一些小、中型学术研讨会上有其他高校或研究机构的老师因为我的科研成果认识我	
	Sy3	3. 我的研究成果在国内甚至国际都有一定的知名度	

三、高校教师 IEC 工作需求层次模型验证及分析

（一）信度检验

信度（reliability）指测量结果（数据）一致性或稳定性的程度。一致性主要反映的是测验内部题目之间的关系，考察测验的各个题目是否测量了相同的内容或特质。稳定性是指用一种测量工具（如同一份问卷）对同一群受试者进行不同时间上的重复测量结果间的可靠系数。Cronbach 在1951年提出了一种信度的方法（即克朗巴哈系数，即 Cronbach's Alpha），Fornell 等指出量表的 Cronbach's Alpha 值大于0.7则表明量表的测量问题之间具有良好的内部一致性。本研究通过 SPSS 22 软件对以上信度指标进行分析，初始问卷总体 Cronbach's Alpha 值为0.95，说明问卷总体具有较好的信度。9个维度的 Cronbach's Alpha 值分别为0.917、0.722、0.766、0.833、0.895、0.855、0.920、0.927和0.801，每个维度的信度都没低于0.7，说明每个维度的测量题项间均具有良好的内部一致性和可靠性。信度测量除了 Cronbach's Alpha 外，还应

计算 CAID（cronbach alpha if item deleted，假设删除该题项后其所属维度的 Cronbach's Alpha 值），即除掉 CITC 系数（一个题项与其所属维度的总体相关性）小于0.4该题项后所属维度后的 Cronbach's Alpha 值，二者相结合作为判断一个题项是否合适的依据。从计算结果发现，37题项 CITC 系数全部都高于0.4，不需要剔除。

（二）效度检验（探索性因子分析）

效度检验旨在确认研究的准确性程度，用于评价量表是否能对测评对象进行有效测量。探索性因子分析法（exploratory factor analysis，EFA）常用于检验量表的构建效度，KMO 检验（Kaiser-Meyer-Olkin）和 Bartlett 球形检验则用于判断是否适合进行因子分析的两个指标。

本研究首先用 SPSS 对量表的初始问卷数据进行 KMO 检验和 Bartlett 球形检验，如表5-3所示，计算结果显示 KMO 值为0.886，Bartlett 球形检验的近似卡方显著性为0.000，小于0.01，表明量表构念间具有较好的相关性，存在公共因素，适合进行因子分析。之后依然使用 SPSS 22 软件进行探索性因子分析，在抽取选项中选择主成分分析法进行因素抽取，在旋转选项中选择最大方差法进行因子旋转，使用具有 Kaiser 标准化的正交旋转法来测量量表各题项在公共因子上的载荷系数，从而探索量表的内部结构，旋转在15次迭代后已收敛，共得到8个公共因子（表5-4），解释总方差为73.119%，具有较好的解释度，具体数据如表5-5所示。

表5-3 初始问卷 KMO 和 Bartlett 检验

KMO 取样适切性量数		0.886
Bartlett 的球形度检验	上次读取的卡方	3 644.572
	自由度	703
	显著性	0.000

表5-4 各因子的特征值和方差累计贡献率

组件	初始特征值			提取载荷平方和			旋转载荷平方和		
	总计	方差百分比	累积 %	总计	方差百分比	累积 %	总计	方差百分比	累积 %
1	14.367	37.808	37.808	14.367	37.808	37.808	5.409	14.233	14.233
2	3.646	9.594	47.402	3.646	9.594	47.402	4.861	12.792	27.025
3	2.738	7.206	54.608	2.738	7.206	54.608	4.267	11.230	38.255
4	1.640	4.315	58.922	1.640	4.315	58.922	3.918	10.311	48.566
5	1.614	4.246	63.169	1.614	4.246	63.169	3.071	8.082	56.648
6	1.319	3.472	66.641	1.319	3.472	66.641	3.061	8.056	64.704
7	1.283	3.377	70.018	1.283	3.377	70.018	1.632	4.294	68.998
8	1.178	3.101	73.119	1.178	3.101	73.119	1.566	4.121	73.119
9	0.949	2.497	75.616						
10	0.916	2.410	78.026						
11	0.766	2.015	80.041						
12	0.693	1.824	81.865						
13	0.632	1.662	83.527						
14	0.554	1.458	84.984						
15	0.503	1.324	86.308						
16	0.461	1.212	87.520						
17	0.452	1.189	88.709						
18	0.417	1.098	89.808						
19	0.396	1.042	90.850						
20	0.371	0.978	91.827						
21	0.323	0.849	92.676						
22	0.311	0.818	93.495						
23	0.265	0.698	94.193						
24	0.257	0.676	94.869						
25	0.245	0.644	95.512						
26	0.205	0.540	96.052						
27	0.191	0.503	96.555						
28	0.172	0.452	97.007						
29	0.166	0.437	97.444						

表5-4（续）

组件	初始特征值			提取载荷平方和			旋转载荷平方和		
	总计	方差百分比	累积%	总计	方差百分比	累积%	总计	方差百分比	累积%
30	0.156	0.410	97.855						
31	0.150	0.395	98.250						
32	0.133	0.349	98.599						
33	0.119	0.314	98.914						
34	0.106	0.279	99.192						
35	0.095	0.251	99.443						
36	0.078	0.205	99.648						
37	0.075	0.198	99.845						
38	0.059	0.155	10.000						

从表5-6可以得出，量表的34个题项在8个公共因子上有较为明确的隶属关系。隶属于公共因子1的题项包括：gz1、gz2、gz3、gz4、gz5、zz1、zz2、zz3、zz4，隶属于公共因子2的题项包括：zr1、zr2、zr3、zr4、zr5、gs5、nl2，隶属于公共因子3的题项包括：zc1、zc2、zc3、zc4、xj1，隶属于公共因子4的题项包括：sy1、sy2、sy3、xj2、xy3，隶属于公共因子5的题项包括：gs1、gs2、gs3、gs4，隶属于公共因子6的题项包括：gf3、gf4、gs5，隶属于公共因子7的题项包括：nl1、gf1，隶属于公共因子8的题项包括：nl3、nl4、gf2。结果与本研究构建的初始量表中的工作自由、能力所及、归属感、工作自主、个人发展、组织认同、自由创新、学术建树、声誉形成的9个因子有些差异，但基本吻合。根据问卷探索性因子的结果做如下调整，公共因子1将原预测的工作自由（gz）与自主工作（zz）合并，重新命名为"工作自主"，公共因子4将学术建树与声誉形成合并，重新命名为"学术声誉"，将原有的个人发展（gf）与能力所及（nl）的题项进行重新调整，将gf3、gf4、gf5命名为"个人成就"；将nl3、nl4和gf2命名为"能力所及"；将nl1、gf1命名为"个人发展"。另外，gs5、zz2、sy1、nl2四个题项的归属存在问题，结合信度检验的结果决定将删除掉，最后得出"工作自主""组织认同""自由创新""学术声誉""归属感""个

人成就""个人发展""能力所及"8个因子。

表5-5 初始问卷探索性因子分析结果

题项	公共因子							
	1	2	3	4	5	6	7	8
gz3	0.827							
gz2	0.819							
gz5	0.786							
gz4	0.783							
gz1	0.778							
zz1	0.635							
zz4	0.599							
zz3	0.503							
zz2	0.423							
zr1		0.866						
zr2		0.818						
zr3		0.704						
nl2		0.638						
zr5		0.634						
zr4		0.515						
gs5		0.513						
zc3			0.725					
zc1			0.702					
zc4			0.689					
zc2			0.678					
xj1			0.612					
sy3				0.826				
sy2				0.820				
sy1				0.695				
xj3				0.659				
xj2				0.642				

表5-5（续）

题项	公共因子							
	1	2	3	4	5	6	7	8
gs2					0.787			
gs4					0.687			
gs1					0.629			
gs3					0.486			
gf5						0.809		
gf4						0.802		
gf3						0.678		
nl1							0.555	
gf1							0.545	
nl3								0.742
nl4								0.606
gf2								0.437

表5-6　旋转后的成分矩阵

题项	组件							
	1	2	3	4	5	6	7	8
gz3	0.826							
gz2	0.806							
gz4	0.805							
gz5	0.779							
gz1	0.767							
zz1	0.658							
zz4	0.599							
zz3	0.476							
zr2		0.858						
zr1		0.833						
zr3		0.768						
zr5		0.701						

表5-6（续）

	组件							
	1	2	3	4	5	6	7	8
zr4		0.548						
zc3			0.725					
zc1			0.717					
zc4			0.691					
zc2			0.684					
sy3				0.823				
sy2				0.776				
xj2				0.709				
xj3				0.680				
xj1				0.660				
gf5					0.819			
gf4					0.809			
gf3					0.695			
gs2						0.777		
gs4						0.708		
gs1						0.671		
gs3						0.502		
gf1							0.645	
nl1							0.618	
gf2							0.451	
nl3								0.824
nl4								0.539

（三）验证性因子分析

通过对初始问卷进行信度和效度分析，在删除4个不符合要求的题项后，剩下的33个题项形成本次研究的正式问卷。正式问卷的总体Cronbach's Alpha值为0.962，说明问卷总体信度较好。再对每个维度进行信度检验，8个维度的Cronbach's Alpha分别为0.919、0.897、0.909、0.899、0.882、0.731和0.826，可见每个维度的信度均不低于0.7，说明每个维度的测量题项间均具有良好的内部一致性和可靠性。在进行探索性因子分析和验证性因子分析之前，使用 SPSS 进行 KMO 和 Bartlett 球形检验，计算结果为 KMO = 0.886，Bartlett 球形检验的近似卡方显著性 Sig. = 0.000＜0.01，表明量表构念间存在公共因素，适合进行因子分析。

对收集的数据采用 Harman 单因素检验，以特征根的相关参数来检验本研究的同源性偏差干扰问题。经过检验，本研究中大于1的因子共8个，其中第一个因子解释的变异达到38.61%（小于40%）。根据 Podsakoff 等提出的相关建议标准，本研究不存在严重的共同方法偏差。

正式问卷通过问卷星在线设计、制作、发放完成。考虑到地区的平衡，选择湖南、广东、陕西、浙江（包括中部、南部、西部和东部地区）四个省份具有代表性的19所高校（综合性的四类高校），共投放问卷460份，经过数据清洗，去除所有选项完全相同和答题时间过短的无效问卷，最终获得389份有效数据，进行数据分析，问卷回收的有效率为84.5%。具体情况如下：211或985高校占20.86%，地方一本高校占21.63%，地方二本高校占32.54%，职业技术学院占24.97%；年龄25~35岁占27.37%，35~45岁占30.2%，45~55岁占16.44%，55岁以上占1.02%；男性占44.3%，女性占55.7%；教授占9.28%，副教授占32.52%，讲师占46.81%，助理讲师占11.39%。

将本次正式调研所得的389份有效数据运用 AMOS 24版软件进行验证性因子分析，首先根据问卷量表维度和指标构成在 AMOS 软件界面构建出量表结构模型，然后导入数据，最后对模型进行数据计算。验证性因子分析结果显示"能力所及"维度相关性不显著，所以删去"能力所及"以及两个相关题目 n13（工作中我不是很有机会展示我的能力）和 n14（工作中我感觉不是特别有压力），最终获得模型及其路径系数（图5-3）。所有题项对应所属概念的标准化因子载荷在0.526~0.965之间，大于0.5的临界值，且所有系数评估的显著性均达到了0.001的显著水平。总体来看，对高校教师工作心理需求进行测度的34个题项具有较好的测量信度和效度。AMO 中的一些指标常用于衡量量表结构的合理性，包括卡方与自由度之比（CMIN/DF）、拟合优度指数（GFI）、比较拟合指（NFI）。根据 Iacobucci 等研究的建议，CMIN/DF 要小于3，GFI、CFI、数（CFI）、近似误差均方根（RMSEA）、规范拟合指数（NFI）、增量拟合指数（IFI）一般要大于0.9，NFI 一般要大于0.8，RMSEA 一般要小于0.09。本研究探索性因子分析得到的相关指标值如表5-7所示，所有指标均达到了要求，说明本研究构建的正式问卷的量表结构合理。

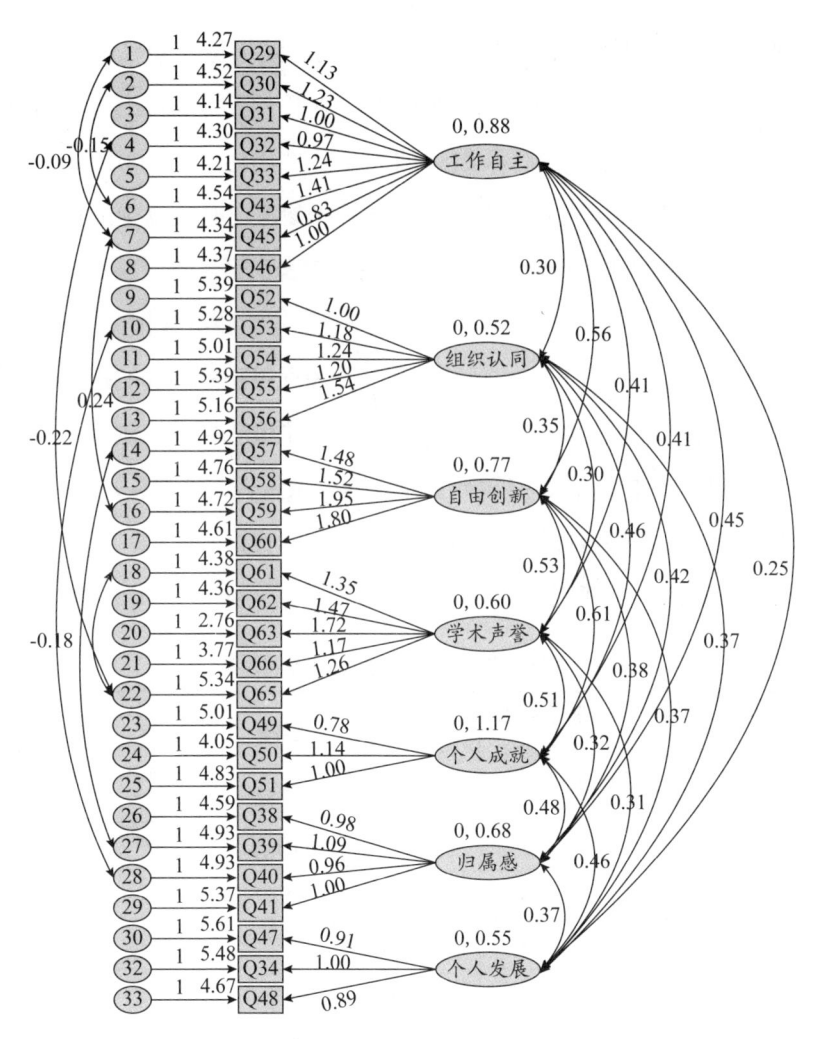

图5-3 验证性因子分析量表模型及路径系数

表5-7 整体拟合系数表

评价指标	X2/df	RMSEA	TLI	CFI	IFI	NFI
最终指标	1.605	0.071	0.900	0.913	0.914	0.801
评价标准	<3	<0.09	>0.9	>0.9	>0.9	>0.8

表5-8显示了32个测量指标在其所属维度上的因子载荷，其中S.E.为测量指标在所属维度上的估计值标准误差，C.R.为测量指标在所属维度上的未标准化路径系数与标准误差的比值，通过C.R.或者P值可以看出参数估计的显著性。从结果可以看出，所有系数评估的显著性均达到了0.001的显著水平。本研究经过3个阶段的量表开发过程：第一阶段参考已有文献中的量表和专家访谈结果共同组合形成了包含38个题项的初始量表；第二阶段在对初始问卷进行信度和效度检验（探索性因子分析）后删除了与所属维度相关度不高的4个题项，形成34个题项构成的正式问卷；第三阶段通过正式问卷的探索性因子分析和验证性因子分析后删除了相关性不高的一个维度和相关的题目，最终获得包含7个维度和32个指标的高校教师工作心理需求量表，如表5-9所示。最终量表的信度、效度和结构合理性都通过了检验，达到良好的水准，可以作为高校教师工作心理需求的测评工具。

表5-8 各指标在所属维度上的因子载荷系数估计

题号	变量	未标准化路径系数	S.E.	C.R.	P	标准化路径系数
ZZ1	工作自主	0.970	0.099	9.752	***	0.690
ZZ2	工作自主	1.243	0.111	11.192	***	0.850
ZZ3	工作自主	1.106	0.111	9.989	***	0.796
ZZ4	工作自主	1.000				0.746
ZZ5	工作自主	1.125	0.113	9.931	***	0.794
ZZ6	工作自主	0.832	0.088	9.416	***	0.665
ZZ7	工作自主	1.000				0.654
ZZ8	工作自主	1.225	0.106	11.570	***	0.884

表5-8（续）

题号	变量	未标准化路径系数	S.E.	C.R.	P	标准化路径系数
ZR1	组织认同	1.000				0.677
ZR2	组织认同	1.243	0.104	11.913	***	0.889
ZR3	组织认同	1.177	0.097	12.192	***	0.900
ZR4	组织认同	1.000				0.724
ZR5	组织认同	1.238	0.116	10.651	***	0.825
ZC1	自由创新	1.000				0.676
ZC2	自由创新	1.346	0.158	8.511	***	0.840
ZC3	自由创新	1.524	0.166	9.199	***	0.931
ZC4	自由创新	1.483	0.161	9.191	***	0.925
XS1	学术声誉	1.000				0.575
XS2	学术声誉	1.720	0.245	7.013	***	0.934
XS3	学术声誉	1.471	0.217	6.764	***	0.853
XS4	学术声誉	1.354	0.211	6.411	***	0.780
XS5	学术声誉	1.246	0.148	8.423	***	0.712
GC1	个人成就	1.000				0.819
GC2	个人成就	1.137	0.090	12.701	***	0.965
GC3	个人成就	0.780	0.078	9.994	***	0.780
GS1	归属感	1.000				0.780
GS2	归属感	0.959	0.132	7.242	***	0.664
GS3	归属感	1.088	0.127	8.572	***	0.777
GS4	归属感	0.982	0.143	6.844	***	0.637
GF1	个人发展	1.000				0.860
GF2	个人发展	0.906	0.097	9.308	***	0.813
GF3	个人发展	0.892	0.156	5.732	***	0.526

表5-9 高校教师工作心理需求量表

概念名称	代码	测量题	参考文献
工作自主	ZZ1	我可以自由支配工作时间	Deci和Ryan（2000）的基本工作心理需求量表（BPNW），Gagné（2003）的工作基本需求满意度量表（BNSW-S）Anja Broeck等（2011）的工作相关基本需求满意度表（W-BNS），Brien等（2012）的工作基本心理需求量表（BPNWS），Chen等（2015）的基本心理需求满意度和挫折感量表（BPNSFS），Longo等（2016）的需求满意度和挫折感量表（NSFS），Autin等（2019）的工作需求满意度量表（WNSS）等，深度访谈，专家讨论
工作自主	ZZ2	我有足够长并可以自由支配的假期时间	
工作自主	ZZ3	我觉得平常的情况下我可以做我自己	
工作自主	ZZ4	我可以做我愿意做的事情	
工作自主	ZZ5	我觉得我可以决定如何过我的生活	
工作自主	ZZ6	在工作中，我可以做我喜欢做的事情	
工作自主	ZZ7	我有机会决定工作中如何做事情	
工作自主	ZZ8	对于工作中的问题，我通常可以自由地表达我的想法并提出意见	
组织认同	ZR1	我的学生对我的工作很认同	
组织认同	ZR2	我的同事对我的工作很认同	
组织认同	ZR3	我的上级对我的工作很认同	
组织认同	ZR4	我所在的组织会觉得我的工作有意义	
组织认同	ZR5	我觉得自己工作很有意义	
自由创新	ZC1	对于科研工作中的问题，我通常可以自由地表达我的想法并提出意见	
自由创新	ZC2	在选择自己的研究方向中，我有很多的自由	
自由创新	ZC3	在科研项目的开展中，我有很多自主权	
自由创新	ZC4	关于教学如何开展，我有很多自主权	
学术声誉	XS1	我的研究成果在国内甚至国际都有一定的知名度	
学术声誉	XS2	一些小、中型学术研讨会上有其他高校或研究机构的老师因为我的科研成果认识我	
学术声誉	XS3	其他院和部门的老师会因为我的教学成绩或科研成果认识我	
学术声誉	XS4	我从我的科研工作中感觉到成就感	
学术声誉	XS5	我在我的研究领域里取得了一定的成绩	
个人成就	GC1	我欣喜于职业中的发展机会，如职称晋升等	
个人成就	GC2	我欣喜于职业中的学习机会，如学历提升等	
个人成就	GC3	我欣喜于工作中不断努力取得的进步	

表5-9（续）

概念名称	代码	测量题	参考文献
归属感	GS1	工作中我觉得自己是群体的一部分	
	GS2	我喜欢和学生、同事在一起	
	GS3	我觉得我的工作让我有一些社会交往	
	GS4	我的工作让我有安全感，不用过于担心失业再就业	
个人发展	GF1	我最近已经学会了有趣的新技能	
	GF2	我的能力适合自己现在的工作	
	GF3	我会觉得自己能胜任自己的工作	

四、结论

高校教师工作需求科学测量对于高校教师激励机制的探索具有非常重要的意义，本研究立足高校教师工作心理需求的独特性、情境性、层次性，严格按照量表开发步骤构建高校教师工作心理需求量表，形成了包含工作自主、组织认同、自由创新、学术声誉、个人成就、归属感、个人发展7个维度以及对应32个指标的高校教师工作心理需求测量工具，对高校教师的研究具有普适性。

本研究主要存在几点局限：①由于篇幅等其他原因，未能对量表中7个维度之间的关系展开研究，缺乏深入探讨各个维度之间的层次性；②本量表具有一定的普适性，但并没有针对性别、年龄、学历、职称、所属高校性质等控制变量进行差异性分析；③本量表采用自我评估模式，大部分题目答题者能给出与实际情况相符合的答案，但部分题目的实际情况可能与答题情况有所差异，后续研究中可以考虑用答题者与第三方（如同事等）相结合的问卷测评方式来综合评价高校工作心理需求的部分问卷题目选项。

第二节 高校人事编制管理、教师绩效、
工作心理需求关系研究

Shin等（2009）从全球和亚太地区的视角论证了21世纪高等教育面临的主要挑战为高校治理体系、课程设置、聚焦使命、构建外部关系、科学研究和资金投入六大问题。欧洲高校在20世纪80年代初以来的各种社会、经济和政治大变革下，经历着高等教育民主化、权力下放和控制预算等变化。因为这些变化，欧洲高校需要面对来自社会提出的要求，如责任、提高质量、保证效率（Voss et al., 2005）。为了应对这些发展和社会需求，公共部门认为私有企业的管理方式如强化管理职能、结构重组、聚焦市场营销和业务生成、薪酬与绩效挂钩、行政流程科学化和信息化等对自身非常适用。许多高校采用了企业常见的管理模式、管理技术、管理工具和价值观。这一改革浪潮已经席卷了整个欧洲的高校和其他公共组织，被称为"管理主义"（Voss et al., 2005）。

2020年12月1日，教育部召开新闻发布会，表示"十三五"规划确定的主要目标任务将如期完成，其中2019年高等教育毛入学率达到51.6%，这意味着我国高等教育正式进入普及化阶段。与全世界很多国家相似的是高校规模化、创建治理体系、国际化、提升世界排名、创建世界一流大学等成为新阶段我国高等教育要处理的一系列问题。随着国外高等教育"管理主义"理念的渗透，以及后高等教育普及化时代的到来，高等教育面临着艰难挑战，我国高校借鉴企业管理的模式，提升效率，完成自身教学、科研、社会服务三大使命，同时，人力资源管理作为企业管理核心职能也被推广到高校人事管理中。本节将探索高校人力资源管理实践包括甄选机制、晋升机制、薪酬与认同、岗位工作设计、绩效管理、工作安全对教师绩效的影响，并进一步探析教师需求在人力资源管理实践与绩效之间的中介效应。

一、理论基础

（一）人力资源管理实践

人力资源管理实践是企业影响和塑造员工的技能和行为，使其完成任务，从而实现组织目标的主要手段。人力资源管理实践具有许多特点。Schuler等（1987）将人力资源管理实践定义为一个系统，通过吸引、发展、激励和保留员工，以确保组织活动的有效实施以及组织及其成员的生存。此外，人力资源管理是公司内部确保人力资本稳定的战略和实践，目的在于实现公司业务目标。人力资源管理实践指的是一些特定活动、具体政策和稳定态度，能吸引、提高、激励和维系员工以保证组织正常的运营功能和持续的生存。Datta（2005）将人力资源管理实践定义为影响员工行为的理念、政策、制度和实践、态度和表现。Youndt（2004）认为人力资源管理实践是组织管理人力资本以实现组织目标的过程。Richard等（2001）强调所有组织通用四种人力资源实践，甄选、晋升和安置、激励、发展和评价。Dyer（1995）认为高效率的人力资源部管理绩效包括信息分享、员工参与、绩效管理和培训。Huselid等（2000）在他的研究中使用了11种人力资源管理实践，包括人员甄选、绩效评估、薪酬、工作设计、信息共享、管理参与、招聘工作、员工培训和晋升标准等。邢周凌（2009）论证高校最佳人力资源管理实践由员工选拔与配置、激励机制、员工参与和绩效管理四个维度构成。杨浩等（2015）认为有效招募、培训开发、员工参与、雇佣安全、合理薪酬、公平机制、自我管理的团队是中国企业的最佳人力资源管理实践。然而，现有文献中并没有对最佳人力资源管理实践形成共识。

本研究结合高校作为非营利组织的特点以及我国高校人事编制管理的实际情况，将高效率（最佳）人力资源管理实践分解为甄选机制、晋升机制、薪酬与认同、岗位工作设计、绩效管理和工作安全。

（二）人力资源管理实践与绩效

过去几十年中，越来越多的研究者们关注一个问题，那就是究竟哪些因素能预测员工的绩效，在所有的相关研究文献中，人力资源管理实践被认为是对员工行为结果具有强大影响力的因素。很多研究验证了人力资源管理实践与员工绩效有关。Bakker（2011）研究了包括招聘和甄选、员工安置、培训、薪酬、绩效评估、晋升、养老金和社会保障8种人力资源管理实践与员工绩效相关。Fey（2000）发现薪酬与晋升机制与员工感知绩效之间有着积极的关系。

早期研究发现与个人相关的如培训、选拔、绩效评估和报酬等人力资源管理实践与公司的财务绩效相关（Guest，1997）。研究结果直接将人力资源管理实践界定为理论上或经验上与整体组织绩效相关的活动，具体包括职业机会、培训系统、成果导向的考评、工作保障、参与、工作描述和利润共享（Huselid，2000）。杨浩等（2015）的研究表明最佳人力资源管理实践与员工行为显著正相关，员工行为是最佳人力资源管理实践与企业绩效之间的中介变量。邢周凌（2009）研究发现高校最佳人力资源管理实践中激励机制对教师教学科研绩效具有显著正向影响。Suan等（2014）研究发现人力资源管理实践如职业发展、员工参与、工作保障、绩效反馈、奖励和认可、培训和发展是员工敬业度的重要预测因素。Clinton等（2013）论证了高效率人力资源管理实践是由一系列相互隔离又密切相关的实践活动组成的，通过提升员工能力、动机和参与机会来提高员工的态度与行为。

（三）工作心理需求在人力资源管理实践与绩效之间的中介作用

工作调节理论认为工作满意度是个体需求与强化刺激物（如需求的满足）相互作用的结果。自Brayfield首次对员工绩效和工作需求满意度二者之间关系进行研究（Steers，1975）之后，大量的研究充分证实了需求的满足将导致更高的工作绩效。这之间的相关性高层管理者比低层管理者更显著（Brien，2005）；且内在激励越强的教师表现出更高的工作满意度；高层次需求满足的强度将影响工作岗位压力和个人价值结果之间的关系（Wright et al.，2007）；Dicke等（2018）在Wright构建的模型基础上，进一步发现当员工幸福感与工作满意度高时，工作绩效也最高。

人力资源管理实践与工作绩效之间的关系成为人力资源管理研究中越来

越受到关注的主题。确切地说,人力资源管理被假设为满足员工的需求,实质性地提高员工的积极态度,并随后改善绩效结果。这与社会交换理论不谋而合,该理论认为人力资源管理实践有助于实现员工和雇主之间的积极正面关系,尤其是在当个体员工的需求被满足时,员工会以更好的态度和行为加以回报(Williams,2003)。Park等(2003)发现了人力资源管理实践如培训、授权奖励、工作丰富和工作稳定通过工作满意和组织承诺影响离职倾向。同样,Katou等(2010)发现工作的特性如自主和反馈等促进了工作参与,工作参与水平的提高也随后降低了员工的离职意愿。

根据Bowen等(2004)的研究,当员工获得明确的利益(即心理上的意义感)、保护性的保障(即心理上的安全感)以及来自组织的荣誉(即心理上的实用性)时,他们倾向于更多地参与工作,从而提升绩效。人力资源管理实践被认为是导致员工心理状况的主要原因。Decramer等(2013)证明高绩效的人力资源管理实践通过在组织和个人目标之间形成心理连接,让员工们产生自主努力。大量的研究证明了员工对人力资源管理实践的积极态度将产生更高的任务绩效、更高的组织公民意识行为和更低的离职率(Fey et al.,2000)。以往的研究证明工作满意度、组织承诺、态度等工作心理需求相关的很多因素在高校人力资源管理与教师绩效中产生效应。

二、研究假设

综上,这里建立高校人事编制管理激励机制模型分解图1,如图5-4所示,探索人事编制管理实践对教师绩效的影响,探讨工作心理需求在两者关系中的作用,并提出如下假设:

H1a:人力编制管理实践(甄选机制)对工作心理需求有正向影响。

H1b:人力编制管理实践(晋升机制)对工作心理需求有正向影响。

H1c:人力编制管理实践(薪酬与认同)对工作心理需求有正向影响。

H1d:人力编制管理实践(岗位工作设计)对工作心理需求有正向影响。

H1e:人力编制管理实践(绩效管理)对工作心理需求有正向影响。

H1f：人力资源管理实践（工作安全）对工作心理需求有正向影响。

H2a：人力编制管理实践（甄选机制）对教师绩效有正向影响。

H2b：人力编制管理实践（晋升机制）对教师绩效有正向影响。

H2c：人力编制管理实践（薪酬与认同）对教师绩效有正向影响。

H2d：人力编制管理实践（岗位工作设计）对教师绩效有正向影响。

H2e：人力编制管理实践（绩效管理）对教师绩效有正向影响。

H2f：人力编制管理实践（工作安全）对教师绩效有正向影响。

H3：工作心理需求在人事编制管理与教师绩效之间有中介作用。

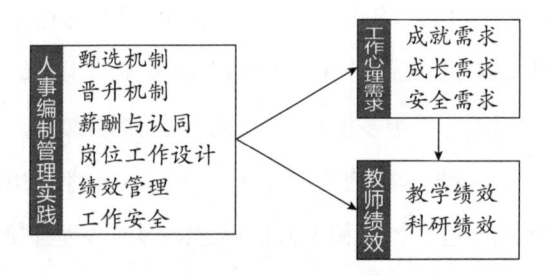

图5-4 高校人事编制管理激励机制模型分解图1

三、研究工具

（一）被试

与高校工作心理需求量表的构建研究相同，都是通过问卷星在线设计、制作、发放完成。考虑到地区的平衡，选择湖南、广东、陕西、浙江（包括中部、南部、西部和东部地区）四个省份具有代表性的19所高校（综合性的四类高校），共投放问卷460份，经过数据清洗，去除所有选项完全相同和答题时间过短的无效问卷，最终获得389份有效数据，问卷回收有效率为84.5%，具体问卷见附录5。具体情况如下：211或985高校占20.86%，地方一本高校占21.63%，地方二本高校占32.54%，职业技术学院占24.97%；年龄25~35岁占27.37%，35~45岁占30.2%，45~55岁占16.44%，55岁以上占1.02%；男性占44.3%，女性占55.7%；教授占9.28%，副教授占32.52%，讲师占46.81%，助理讲师占11.39%。

（二）研究工具

本研究将人员甄选、晋升机制、薪酬与认同、岗位工作设计、绩效管理、工作安全构成高校人力资源管理实践，人员甄选、晋升机制、薪酬与认同、绩效管理和岗位工作设计的问卷来源于 Chew（2004）（附录5），其中人员甄选由4个问题构成，晋升机制由4个问题构成，岗位工作设计由5个问题构成，薪酬与认同由5个问题构成，绩效管理由3个问题构成。其中工作安全的问卷来源于 Sun（2007），由2个问题构成（附录5）。

高校工作心理需求问卷使用本章第一节高校工作心理需求量表，由7个维度、32个问题构成，该量表已经过严格验证。

教师绩效的测量考虑到高校教师工作的特点，由3个问题构成，即同事会给你的整体绩效表现进行评级；你给自己的科研绩效表现进行评级；你给自己的教学绩效表现进行评级（附录5）。

四、研究结果

（一）共同方法偏差的控制与检验

采用 Harman 单因素检验，以特征根的相关参数来检验本研究的同源性偏差干扰问题。将所有本研究的所有题目进行因子分析，经过检验，本研究中大于1的公因子有15个，其中第一个因子解释的变异量为30.52%，远小于40%的临界值。根据 Podsakoff 等提出的相关建议标准，因此可排除共同方法偏差对本研究结果的影响。

（二）测量问卷的信效度检验

1. 信度检验

本研究使用 Cronbachs' α 系数来测量问卷的信度。经过计算，本研究中人力资源管理实践各维度人员甄选、晋升机制、薪酬与认同、绩效管理和岗位工作设计的 Cronbach's α 系数分别为0.937、0.623、0.717、0.883、0.841、0.778。工作心理需求各维度的 Cronbach's α 系数分别为0.919、0.897、0.909、0.899、

0.882、0.731。教师绩效的 Cronbach's α 系数为0.676。所有维度的 Cronbach's α 系数除一个在0.6以上，其他都达到了0.7以上，因此本调查问卷有效。

2. 各变量的平均数、标准差及相关矩阵

通过描述统计和相关分析，各变量的均数、标准差及相关系数如表5-10所示。由表5-10可以看出，甄选机制、晋升机制、薪酬与认同、岗位工作设计、绩效管理、工作安全与工作心理需求呈显著正相关（$r=0.357$，$p<0.05$，$r=0.241$，$p<0.05$，$r=0.483$，$p<0.05$，$r=0.551$，$p<0.05$，$r=0.511$，$p<0.05$，$r=0.440$，$p<0.05$）。假设 H1a、H1b、H1c、H1d、H1e 和 H1f 得到初步验证。甄选机制、晋升机制、薪酬与认同、岗位工作设计、绩效管理、工作安全与教师绩效呈显著正相关（$r=0.286$，$p<0.05$，$r=0.260$，$p<0.05$，$r=0.433$，$p<0.05$，$r=0.433$，$p<0.05$，$r=0.281$，$p<0.05$，$r=0.265$，$p<0.05$）。假设 H1a、H1b、H1c、H1d、H1e 和 H1f 得到初步验证。

控制变量方面，年龄和学历与人力资源管理诸实践、工作心理需求、教师绩效都无显著相关。性别与人员甄选、晋升机制、报酬和认同呈现负相关（$r=-0.178$，$p<0.1$，$r=-0.205$，$p<0.1$，$r=-0.239$，$p<0.1$），说明女性对所在高校人员甄选、晋升机制上认同不高，报酬和认同上也不甚如意。职称与教师绩效、人员甄选、晋升机制呈现显著负相关（$r=-0.292$，$p<0.05$，$r=-0.251$，$p<0.05$，$r=-0.196$，$p<0.1$），说明职称高的教师（如教授）相对职称低的教师（如助理讲师）在教师绩效上投入力度少，在高校人员甄选、晋升机制上认同不高。学校类型与工作安全感呈现显著相关（$r=0.198$，$p<0.1$），说明一本院校的教师相对于职业技术学院的教师工作安全感更高，不担心失业。上述结果表明，在检验人力资源管理实践、教师绩效、工作心理需求三者关系中，置入年龄、性别、学历、职称、学校类型等控制变量是较为合理的。

（三）人力资源管理实践与教师绩效的关系：有调节的中介模型检验

首先，采用 Hayes（2012）编制的 SPSS 宏中的 Model4（Model4 为简单的中介模型），在控制年龄、性别、学历、职称、学校类型的情况下对工作心理

表5-10 各变量的描述统计和相关分析

	年龄	性别	学历	职称	工作单位	工作心理需求	教师绩效	人员甄选	晋升机制	岗位工作设计	报酬和认同	绩效管理	工作安全
年龄	1.00												
性别	0.01	1.00											
学历	−0.200*	−0.182*	1.00										
职称	−0.187*	0.376**	−0.421**	1.00									
学校类型	0.02	−0.14	−0.16	0.06	1.00								
工作心理需求	−0.14	−0.10	0.09	−0.17	−0.09	1.00							
教师绩效	−0.07	−0.17	0.17	−0.292**	−0.01	0.671**	1.00						
人员甄选	0.00	−0.178*	0.10	−0.251**	−0.18	0.357**	0.286**	1.00					
晋升机制	0.126	−0.205**	0.054	−0.196*	−0.069	0.241**	0.260**	0.346**	1.00				
岗位工作设计	−0.11	−0.15	0.13	−0.11	−0.09	0.483**	0.433**	0.181*	0.188*	10.00			
报酬和认同	0.02	−0.239**	0.03	−0.15	−0.14	0.551**	0.433**	0.617**	0.458**	0.449**	10.00		
绩效管理	−0.08	−0.201*	−0.07	0.06	0.04	0.511**	0.281**	0.494**	0.338**	0.379**	0.666**	10.00	
工作安全	−0.10	−0.04	−0.01	−0.02	0.198*	0.440**	0.265**	0.184	−0.084	0.12	0.296**	0.309**	10.00

注：** 在置信度（双测）为 0.01 时，相关性是显著的。
* 在置信度（双测）为 0.05 时，相关性是显著的。

需求在人力资源管理实践与教师绩效之间关系中的中介效应进行检验（表5-11）。结果表明，人力资源管理实践对教师绩效的预测作用显著（$B=0.12, 5.09^{***}$），但当放入中介变量工作心理需求后，人力资源管理实践对教师绩效的直接预测作用不显著。人力资源管理实践对工作心理需求预测作用显著（$B=0.10, 7.07^{***}$），工作心理需求对教师绩效的预测作用也显著（$0.09, t=8.15^{***}$）。

表5-11　工作心理需求的中介模型检验

	教师绩效		教师绩效		工作心理需求	
	B	t	B	t	B	t
学校类型	0.07	0.80	0.09	−0.11	0.07	−0.110
年龄	0.10	0.09	0.11	−1.560	0.09	−1.560
性别	0.15	−0.37	0.18	1.00	0.14	1.00
学历	0.11	0.58	0.13	−0.32	0.10	−0.32
职称	0.10	−1.86	0.11	−1.64	0.09	−1.64
人力资源管理实践	0.13	0.56	0.12	5.09^{***}	0.09	8.15^{***}
工作心理需求	0.10	7.07^{***}				
R方	0.70	0.52	0.64			
F值	15.72	83.00	79.00			

此外，人力资源管理实践对教师绩效影响的直接效应及工作心理需求的中介效应的bootstrap95%置信区间的上、下限均不包含0（表5-12），表明人力资源管理实践不仅能够直接预测教师绩效，而且能够通过教师工作需求的中介作用预测教师绩效。该直接效应（0.53）和中介效应（0.072）分别占总效应（0.61）的11.6%、88.40%。

表5-12　总效应、直接效应及中介效应分解表

	Effect	BootSE	BootLLCI	BootULCI	相对效应值
中介效应	0.53	0.12	0.29	0.77	88.40%
直接效应	0.072	0.63	−0.22	0.41	11.60%
总效应	0.61	0.11	0.34	0.78	

五、研究讨论

基于以往研究、需求理论（需求层次理论、自我决定理论等）以及人力资源管理实践理论，本研究在需求、动机、行为转换为核心的激励理论视角下，以工作心理需求为中介变量构建了高校人事编制管理的激励机制模型，明确了高校人事编制管理策略"如何影响"教师绩效的问题（工作心理需求的中介作用）。研究结果对深化人力资源管理实践与教师绩效的关系研究，如何根据员工的工作心理需求，制定高校人事编制管理策略，进而产生良好的教师绩效，具有一定的理论与现实意义。

（一）高校人力资源管理策略可以预测教师绩效

Guest（1997）强调需要以下三种研究，一是人力资源管理理论，二是绩效，三是两者如何联系。一直以来，人力资源管理与绩效的关系研究出现在一系列顶级刊物中，如 *The Academy of Management Journal*、*The International Journal of Human Resource Management* 和 *The Human Resource Management Journal*。Guest（1997）总结发现，1994—2003年期间有关人力资源管理与绩效之间关系的探索与分析共104篇实证性文章发表在国际著名期刊上。本研究以中国高校教师为背景，论证了人力资源管理实践可以预测教师绩效，验证了很多以往研究者的观点。

（二）工作心理需求的中介作用

需求是促使人产生某种动机的根本原因，需求产生动机，动机引发行为。需求是所有行为学科研究的基础（Latham et al., 2005）。组织行为学的研究表明，需求满足与幸福感（Ryan et al., 2010）、内在动机（Deci et al., 2000）、工作中的高绩效正相关（Broeck, 2010），同时与工作中的痛苦负相关（Vansteenkiste, 2006）。很多研究表明需求的满足能够产生员工的最佳绩效和内在动机（Gagné, 2003）。探讨工作心理需求在高校教师人力资源管理实践与教师绩效之间关系中的中介作用，不仅有助于从需求、行为、动机形成的规律中了解高校教师内在动机形成的机理，而且有利于高校人事编制管理策略的制定保证方向性。本研究发现高校人事编制管理能够通过工作心理需求的中介作用预测教师的绩效，该结果支持了以往研究的观点，即工作心理需求作为教师绩效行为功能的重要组成成分，高校人事编制管理策略的制定要围绕着高校教师的工作心理需求。

第三节 高校人事编制管理、教师绩效、组织环境关系研究

一直以来我国高校人事管理都有"取消编制与强化编制之争"，取消派认为其制约教师合理流动、阻碍高校自主管理和自由发展（包万平 等，2019；李立国，2016；刘大卫，2016；田贤鹏，2017）；强化派提出其是国家对高等教育人力资源的宏观调控和计划配置（杨勇志，2004；李春艳，2009；左崇良，2017；吴斌，2012；田罡 等，2012；杨月梅，2016），也是高校对人力资源的配置和结构优化（欧金荣 等，2009；陈钰萍，2005）；大多数学者认为取消高校教师编制的前提条件不成熟，若盲目取消必将损害教师权益，陷入混乱局面，并提出可围绕编制管理几个关键问题进行改革。其中，胡中锋（2002）认为高校人事管理应向人力资源管理的转轨，健全分配激励机制、形成人才合理流动的机制、开展绩效评估；梁宏飞（2009）建议建立与市场人力资源配置相适应的编制体制，使编制与设岗、薪酬分配、激励机制紧密挂钩；李志锋（2013）指出创新高校人事编制管理制度，确立高校教师作为学术人的职业身份属性；辛方坤等（2014）提出从提供制度保障、优化管理流程、搭建信息平台三方面完善编制管理与组织人事财政管理的配合制约机制。

本研究认为高校人事编制管理编制是高校对组织机构的设置和人员定额、职务分配等，类似于企业的人力资源规划，是人力资源管理不可缺少的一项职能（Iyem et al.，2017），完全摒弃编制管理是对高校人事编制管理概念的误解，也是对人事编制管理实践范畴的狭隘界定与功能的片面解读。我国高校人事编

制管理体系目前表现出来的僵化、抑制竞争、身份区分待遇导致不公等问题，究其深层次的原因主要在于过于强调其调控与配置两方面职能，而忽略其本身作为一种激励手段具有激发员工产生优秀绩效的作用。

高校人事编制管理激励机制的基本原理为立足于高校教师群体的需求，通过身份认同、工作设计、人职匹配、聘任晋升机制等人事编制管理实践激发高校教师的动机，借助人事编制管理法规制度、决策机制、管理方法、组织氛围等方面的组织环境建设，实现教师绩效的提升。

一、理论基础及研究框架

（一）高校人事编制管理激励机制

激励是发起和指导行为的过程（Vroom，1964）；工作激励是驱动和维持人类工作中的动力（Steers，1975）、一组引发工作相关行为并决定其形式、方向、强度和持续时间的内部和外部力量（Latham et al.，2005）、一种刺激个体采取行动的行为，将导致达到某个目标或满足个体自身的某些心理需求（Thomas，2010）。激励的产生源于诸多因素，Morris（1979）发现工作表现出的成就需要和自主需要与工作结果、组织承诺、工作投入以及离职意愿有很密切的关系；Christopher（1985）证明感知到的工作属性、工作满意度和工作绩效在高成就需要和高自主需要的管理者中更为显著；强烈的归属感需求促使个人在行为上投入大量精力，从而产生接受和自我社会关系的发展（Yagil et al.，2016）；对权力的需求被证明与工作成功的所有维度都有显著的相关性（Ruf et al.，1991）。

基于此，高校人事编制管理激励机制体现在通过编制这一身份属性与认同，激发高校教师的安全与归属感，产生教师的使命感和职业自豪感；此外，人事编制管理分级分类的动态管理，使教师进入匹配的岗位，并在身份跨越与等级晋升中不断成长、获得声誉、取得成就、拥有权力，实现自身发展的长远目标。高校人事编制管理组织环境包括人事编制管理法规（法规的完善与科学、宣传与沟通、实施与反馈）、人事编制管理决策机制（决策的效率性与权力的分布情况）、管理方法（方法的灵活性与多样性）、组织氛围（人事编制管理实践中组织的支持性与公平公正性等）。

（二）高校人事编制管理实践与教师绩效

高校人事编制管理是根据经济和社会发展的需要，结合教学、科研、社会服务三大任务的特点，对高校内部人员进行微观控制，设计岗位人员结构比例，并对所有岗位进行合理匹配，建立科学合理的聘任晋升机制，促进人员流动，实现对高校人力资源及其成本的控制，最终全方位激励教师绩效。人事编制管理的主要实践有"编、岗、聘、约、薪、流"（黄尔嘉，2018），国内外很多研究者从不同角度证明了身份认同、工作设计、人职匹配、聘任晋升机制和员工绩效有着很重要的相关性。

身份属性与教师工作积极性具有很重要的联系。一些学者发现，民办高校教师的幸福感显著低于公办高校教师，这种身份差异的存在，极大地影响了民办教师工作热情的发挥（孙惠敏 等，2012）；许多从事教师身份研究的学者认为，通过高校教师自我身份认同，能激发他们积极投身教学改革，获得职业幸福感（龚孟伟，2019；文灵玲，2014；曲正伟，2007；刘泰洪，2018）。与我国高校编制相似的美国高校终身教职（tenure），作为高校教师身份的另一种形式有着强大的激励作用，不少的研究者认为终身教职制是一个理想的奖励制度（Dean et al.，1957；Gibbs et al.，1989），与我国高校编制一样，也面临着一些争议，如果大学没有找到一种灵活的方法来处理那些非终身和兼职的教师，将很难完成自身使命，并丧失很多机会（Waltman et al.，2012）。

人职匹配与许多结果如工作绩效和满意度密切相关（Caldwell et al.，1990）。Patrick 等（2007）发现人职匹配与工作满意并意图获取终身教职相关；Brown 等（2002）认为人与工作、群体和组织匹配三者同时对满意度有重要独立的影响；Greguras 等（2009）发现对自主性、关联性和胜任力的心理需求的满足程度，部分中介了不同类型的个人效能感与员工情感性组织承诺和整体工作绩效之间的关系；Warr 等（2012）证明了积极的幸福感（工作投入）和静态的幸福感（工作满意）分别与低工作匹配呈正相关和负相关；Hardin 等

（2014）发现个人与环境匹配的两种方式，即理想型（环境最大限度的匹配个人）与现实型（个人最大程度的适应环境）有着显著的差异，两者在总体工作满意度中导致了各自独特的变量；Chirumbolo 等（2017）证明了认知封闭需要上的人与群体匹配是工作绩效的预测因素，也是群体认同的中介变量。

工作设计是决定员工工作满意度、激励和绩效的重要因素。研究者认为工作设计应考虑工作自主性、角色负载、角色冲突、支持性监督、培训充分性、工作安全和沟通质量（Parker et al.，2001），工作资源、挑战和阻碍需求（Gieter et al.，2018），更多的多样性、自主性、任务认同和反馈（Steers，1975）。Greguras 等（2009）发现高的工作范围与管理层对组织的承诺直接相关；Campion（1988）的研究借鉴了心理学、工程学、人口学和生理学等学科，展示了工作设计的四种方法，发现不同的工作设计方法会影响不同的结果；Parker 等（2001）发现需求的满足影响工作范围与工作绩效和组织承诺之间的关系，研究表明工作特征是安全工作的重要前提，角色模糊、管理者的员工承诺在自我提升动机与工作绩效行为中具有中介作用；Wang 等（2019）证明了工作投入可以通过工作的心理所有权带来积极的工作成果。

科学合理的聘任与晋升机制能最大程度带动教师的工作积极性。Dean 等（1957）运用经济学理论验证几种替代激励措施的可能结果，得出美国高校的终身教职制是充分发挥专业化效益，最大限度提高高校经费支出合理性的激励制度；很多学者建议将学术与科研作为终身教职和晋升的核心标准，激励教员在追求终身教职和晋升过程中取得成功（Gibbs et al.，1989；Shapiro，2006）。20世纪60年代以来，美国将企业人力资源管理理论应用于大学，并出现了虽然在商业和政府部门开发的人事制度已经应用于大学教员的选拔和晋升，但在所用标准的有效性和应用方式方面存在很大分歧。我国高校一直沿用的以学术职称制度为核心的聘任晋升体系，近几年受企业人力资源管理的影响，发生了明显的演变，表现在内涵从身份评审转向契约聘任，功能从学术鉴定分级、资源配置为主转向以绩效管理、激励约束为主（叶芬梅，2009）。然现行的学术职称晋升机制激励教师产生优秀绩效的同时，仍存在着很多的弊端如重科研轻教学、重数量轻质量、重科研成果轻学术精神和学术道德等（刘献君 等，2010；朱正奎，2019）。

（三）组织环境

在高校人事编制管理与教师绩效的关系中，不容忽视的一个因素是组织环境，即人事编制管理实践中高校组织的支持性程度。根据社会交换理论，互惠关系可以通过双方之间的一系列互动找到处于相互依存的状态，并感到有义务。当组织提供经济和社会情感资源给员工时，员工也会觉得有义务付出一些东西回到组织。研究者们建议支持性组织实践（即人力资源管理实践）向员工传达信息，让他们感受到他们的努力受到重视，最终他们将感到有义务并表现出高水平的参与作为回报（Guarantor，2012）。关于组织环境，赵延东等（2020）提出，组织环境包括评价体系、行政化水平以及工作满意度；张学和等（2012）指出，组织环境分为社会组织工作环境和物理工作环境；丁琳等（2013）认为，组织环境包括企业CEO领导风格、组织结构和企业文化；章凯等（2012）论证组织环境有工作因素、人际与群体、组织文化与政策、资源丰富性；赵志艳等（2018）把组织环境提取为组织激励和组织第三使命两个因素。本研究认为高校人事编制管理组织环境包括人事编制管理法规（法规的完善与科学、宣传与沟通、实施与反馈）、人事编制管理决策机制（决策的效率性与权力的分布情况）、管理方法（方法的灵活性与多样性）、组织氛围（人事编制管理实践中组织的支持性与公平公正性等）。

综上，本研究建立高校人事编制管理激励机制模型分解2（图5-5），探索人事编制管理实践对教师绩效的影响，探讨组织环境在两者关系中的作用，并提出如下假设：

H1：高校人事编制管理与教师绩效正相关；

H2：高校人事编制管理对组织环境有正向影响；

H3：高校组织环境对教师绩效有正向作用；

H4：高校组织环境在人事编制管理与教师绩效关系中起中介作用。

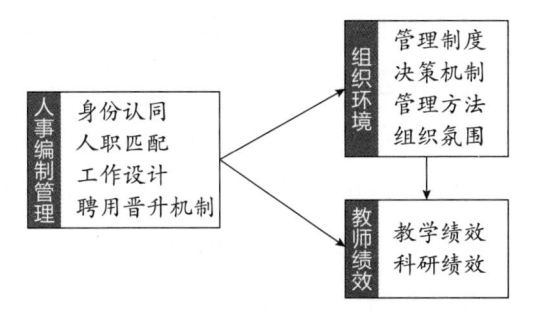

图5-5 高校人事编制管理激励机制分解图2

二、研究方法

（一）被试数据来源

本研究通过问卷星在线设计、制作、发放问卷。考虑到地区的平衡，选择湖南、广东、陕西、浙江（包括中部、南部、西部和东部地区）四个省份具有代表性的19所高校（综合性的四类高校），共投放问卷351份，回收有效试卷350份。具体情况为211或985高校占18.91%，地方一本高校占25.79%，地方二本高校占31.52%，职业技术学院占23.78%；年龄25~35岁占28.37%，35~45岁占54.44%，45~55岁占15.47%，55岁以上占1.72%；男性占40.3%，女性占49.7%；教授占8.88%，副教授占33.52%，讲师占45.85%，助理讲师占5.73%。

（二）研究工具

人事编制管理实践并没有成熟的问卷，本研究根据黄尔嘉（2018）提出的高校人事管理系统的构成要素稍作调整，将用工方式与岗位聘任合并为以编制为核心的身份认同。由于本研究侧重点在高校教师心理需求的内在激励，去掉考核与薪酬，最终形成了包括身份认同、人职匹配、工作设计、聘用晋升机制的人事编制管理实践，并分别设置问题、构建量表。问题设计采用李克特七级量表，从非常不符合到非常符合7个等级。本研究中该问卷拟合情况良好，$\chi^2/df = 3.42$，$RMSEA = 0.083$，$GFI = 0.985$，$CFI = 0.978$，$AGFI = 0.937$，$IFI = 0.979$，问卷的Cronbach'α系数为0.624。

本研究的组织环境是指高校人事编制管理实践中组织环境的支持情况，设置了教师绩效管理制度、管理决策机制、管理方法、组织氛围四个维度，并分别设计问题，构建量表。问题设计采用李克特七级量表，从非常不符合到非常符合7个等级。本研究中该问卷拟合情况良好，$\chi^2/df = 3.384$，RMSEA = 0.083，GFI = 0.944，CFI = 0.900，IFI = 0.902，问卷的 Cronbach'α 系数为0.636。

工作绩效量表借鉴了 Borman 和 Modowidlo 的问卷，由于调查对象的差别，根据高校教师教学、科研、社会服务三大任务，做了相应的修改，将工作绩效设置为教学绩效与科研绩效。问题设计采用李克特七级量表，从非常不符合到非常符合7个等级。本研究中该问卷拟合情况良好，$\chi^2/df = 3.75$，RMSEA = 0.089，GFI = 0.967，AGFI = 0.916，CFI = 0.960，IFI = 0.960，问卷的 Cronbach'α 系数为0.761。

三、数据整理及分析

（一）同源偏差检验

对收集的数据采用 Harman 单因素检验，以特征根的相关参数来检验本研究的同源性偏差干扰问题。经过检验，本研究中大于1的因子共7个，其中第一个因子解释的变异达到20.36%（小于40%），根据 Podsakoff 等提出的相关建议标准，本研究不存在严重的共同方法偏差。

（二）各变量相关分析

相关分析结果如表5-13显示：人事编制管理与教师绩效具有显著的正相关（$p < 0.01$），皮尔逊相关系数为0.443，具有中等强度的相关性，研究假设 H1（高校人事编制管理与教师绩效正相关）得到验证；人事编制管理与组织环境具有显著的正相关（$p < 0.01$），皮尔逊相关系数为0.322，具有中等强度的相关性，研究假设 H2（高校人事编制管理对组织环境有正向影响）得到初步验证；组织环境与教师绩效具有显著的正相关（$p < 0.01$），皮尔逊相关系数为0.25，具有低强度的相关性，研究假设 H3（高校组织环境对教师绩效有正向作用）得到初步验证。

表5-13 各变量的平均值、标准差和相关系数

变量	M	SD	1	2	3	4	5	6
学校类型	20.61	10.05						
年龄	10.91	0.71	−0.06					
性别	10.60	0.49	0.136*	−0.172**				
职称	20.66	0.94	−0.05	−0.448**	0.314**			
人事编制管理策略	50.26	10.11	0.02	−0.09	−0.02	−0.01		
教师绩效	50.52	0.97	−0.02	0.08	−0.143**	−0.287**	0.443**	
组织环境	40.99	0.79	0.136*	0.03	−0.08	−0.05	0.250**	0.322**

注：** 在置信度（双测）为 0.01 时，相关性是显著的。
＊在置信度（双测）为 0.05 时，相关性是显著的。

关于控制变量的分析，学校类型与组织环境存在显著正相关，说明教育部直属高校与"一本"院校相对于"二本"院校与职业技术学院，因为学校历史、管理经验等差别，教师绩效管理制度、管理决策机制、管理方法、组织氛围等更加成熟；性别与教师绩效存在显著负相关，高校男教师的绩效明显优于女教师，因为男女教师家庭角色、社会期望的差异，男教师工作上投入更多的精力，注重绩效的提升；年龄与人事编制管理、教师绩效、组织环境三者都没有显著的相关性；职称与教师绩效存在显著的负相关，说明职称低的教师相对于职称高的教师，在职称晋升的目标下，有更强的驱动力。

上述结果表明，在验证人事编制管理、教师绩效、组织环境三者的关系中，加入学校类型、年龄、性别、职称等控制变量是较为合理的。

采用 Hayes（2012）编制的 SPSS 宏中的 Model 4 为简单的中介模型，在控制学校类型、年龄、性别、职称的情况下对组织环境在人事编制管理与教师绩效之间关系中的中介效应进行检验。结果如表5-14、表5-15所示，人事编制管理对教师绩效的预测作用显著（$t=9.429$，$p<0.01$），且当放入中介变量后，人事编制管理对教师绩效的直接预测作用依然显著（$t=8.251$，$p<0.01$）。组织环境对人事编制管理的预测作用显著（$t=4.816$，$p<0.01$），组织环境对

教师绩效的预测作用也显著（$t=4.473$，$p<0.01$）。此外，人事编制管理对教师绩效影响的直接效应及组织环境的中介效应的 bootstrap 95% 置信区间的上、下限均不包含0（表5-15），表明人事编制管理不仅能够直接预测教师绩效，而且能够通过组织环境的中介作用预测教师绩效。该直接效应（0.344）和中介效应（0.048）分别占总效应（0.392）的87.9%、12.13%。

表5-14 组织环境的中介模型检验

	教师绩效		教师绩效		组织环境	
	t	p	t	p	t	p
学校类型	0.245	0.807	0.891	0.373	2.769	0.006
年龄	2.401	0.017	2.592	0.010	1.066	0.287
性别	-1.192	0.234	-1.483	0.139	-1.358	0.175
职称	2.543	0.011	2.607	0.010	0.556	0.579
人事编制管理策略	8.251	0.000	9.429	0.000	4.816	0.000
组织环境	4.473	0.000				
R	0.531		0.490		0.303	
R 方	0.282		0.240		0.092	
F 值	22.456		21.743		6.943	

表5-15 总效应、直接效应及中介效应分解表

	效用值	Boot 标准误	BootCI 下限	BootCI 上限	相对效应值
总效应	0.392	0.046	0.293	0.473	
直接效应	0.344	0.050	0.249	0.444	87.90%
组织环境的中介效应	0.048	0.016	0.019	0.084	12.13%

（三）中介效应检验

控制变量方面，如表5-14所示，在人事编制管理对组织环境的影响中，学校类型作用显著（$t=2.769$，$p<0.01$），教育部直属高校与"一本"院校相对于"二本"院校与职业技术学院来说，人事编制管理对组织环境的影响更为显

著；年龄在人事编制管理对教师绩效的影响中作用显著（$t=8.251$，$p<0.05$），25~35岁、35~45岁相对于45~55岁、55岁以上的教师，人事编制管理对教师绩效的影响中作用更加显著，加入组织环境中介变量后，依旧显著（$t=2.401$，$p<0.05$）；职称在人事编制管理对教师绩效的影响中作用显著（$t=2.607$，$p<0.05$），教授与副教授相对于讲师与助理讲师来说，人事编制管理对教师绩效的影响中作用更加显著，加入组织环境中介变量时，依旧显著（$t=2.543$，$p<0.05$）。

综上可知，组织环境在人事编制管理与教师绩效之间起着部分中介作用，验证了H4（高校组织环境在人事编制管理与教师绩效关系中起中介作用）。同时再次验证了H1、H2、H3。研究路径如图5-6所示。

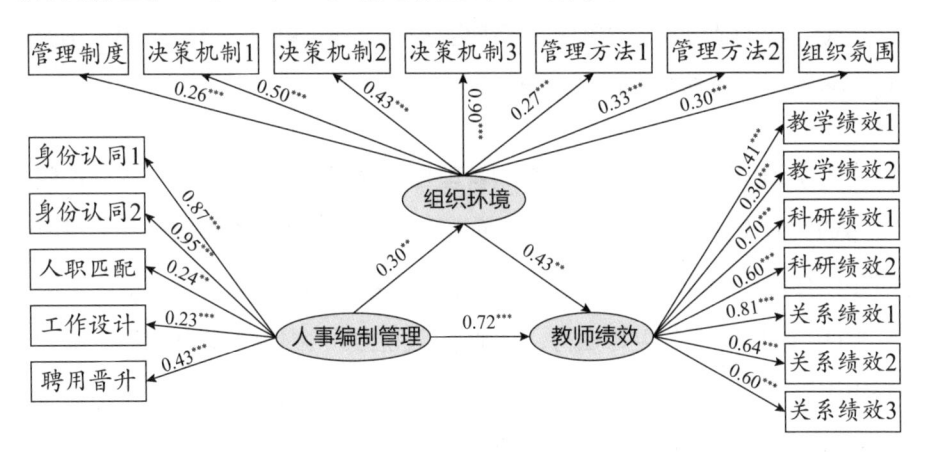

图5-6　研究变量间的路径系数图

注：**、*** 分别表示 $P<0.01$、$P<0.001$，双尾检验。

四、分析、讨论及建议

（一）高校人事编制管理影响教师绩效

本研究假设并验证了人事编制管理与教师绩效的相关性，证实了人事编制管理对教师绩效有显著的正向影响，且影响因子达到0.72。论证了以往的研究中提出的身份认同、工作设计、人职匹配、聘任晋升机制和员工绩效有着显著的相关性，但与以往研究不同的是，本研究视角更为全面，弥补了目前研究缺乏将高校教师人事管理作为手段建立整体激励机制系统的不足，不仅为高校人事编制管理改革探明了方向，也为构建激励导向的高校人事编制管理策略体系的正确把握提出了重要思路。

研究结果表明，因其激励功能完全摒弃我国高校目前运行的以编制身份、分级分类管理、职称晋升机制等为特点的人事编制管理是不可取的。建议高校人事编制管理应朝弱化调控与计划功能，强化激励手段的方向改革，编制管理中合理使用身份认同，从安全与归属需要的满足出发，让高校教师安身立命，自我激发；工作设计符合知识型员工的需要，合理设置教学、科研、教学科研三种岗位；人职匹配让教师进入适合的岗位，并保证岗位之间的流动；聘任晋升机制致力于创建教师不断成长的通道，让教师在身份跨越中不断成长获取声誉，激发教师的成就感，实现自身发展的长远目标。总之，高校人事编制改革要围绕着全面激发教师工作积极主动性的方向。

（二）组织环境在高校人事编制管理与教师绩效关系中起部分中介作用

本研究假设并验证了人事编制管理不仅能够直接预测教师绩效，而且能够通过组织环境的中介作用预测教师绩效，其中组织环境对教师绩效的影响因子达到0.43。本研究视角更为独特，区别于以往主要从内部策略制定的研究，从外部组织管理文化建设来探索高校人事编制管理的改革，有利于对激励型高校人事编制管理的构建提出详实可行的建议。

研究结果表明，高校人事编制管理的激励效能是通过组织环境优化来加强的。建议完善人事编制法规，加强法规制度的广泛宣传，将管理实施结果及时反馈，促进与教师之间的双向沟通；将人事编制管理决策权力下放，提高决策效率性；突破传统僵硬的管理模式，保持管理方法的灵活性与多样性；形成人事编制管理支持性与公平公正性的组织氛围等实现高校人事编制管理环境的优化。

（三）控制变量方面

研究发现年龄与职称在人事编制管理对教师绩效的影响中作用显著，加入组织环境中介变量后，依旧显著。在组织环境对人事编制管理的影响中，学校类型作用显著。

研究结果表明，不同年龄阶段与不同职称的高校教师人事编制管理的激励效能具有一定的差异；相对于教育部直属高校与"一本"院校来说，"二本"院校与职业技术学院人事编制管理组织环境建设任务更为艰巨。建议高校人事编制策略制定时要灵活，年龄、职称、性别上具有针对性；"二本"院校与职业技术学院借鉴学习教育部直属高校与"一本"院校的人事编制管理方法、制度、决策机制等，完善自身人事编制管理环境。

第六章　高校人事编制管理的策略建议

一、健全政府放权下的高校人事编制管理，创建"和谐"

高校人事编制管理是建设和谐高校必不可少的因素，和谐的高校人事编制管理需要开放、公平、竞争、权力下放等诸多因素才能得以实现。

（一）简政放权，建立和谐的高校人事编制管理系统

建立政府主管部门、高校管理层及人力资源管理部门、二级学院三层级和谐运转的高校人事编制管理系统。

（1）政府主管部门简政放权。高校人事编制管理简政放权改革已取得重大进展，但在一些环节上还没有到位，需要取得新突破，让高校有更大的自主权。在解决高校教师规模性问题上，采取灵活自主的方式；在高校人员数目核定上采取教育主管部门总数审批，高校分批人才引进的方式，整个过程采取备案制，部分高校因历史遗留或其他特殊情况出现超编问题时，应酌情考虑特批制。为保障对高校内部人员数额的微观控制，教育主管部门实行重复核查制。这样既保障了高校人力资源规模设定政府的前瞻性，同时也实现了高校自身人力资源管理工作的常态化。在解决高校教师结构性问题时，采取权力下放的方式，大大放开职称评定的权力，将其交给高校，增加高级职称岗位比例，提高职称评定的通过率，不仅让更多优秀的高校教师冲破职称瓶颈走向自我提升与发展，达到内在的激励，也是顺应时代特征，保证国家实现"双一流"高校目标和高校自身发展的需要。

（2）推进二级学院人事编制管理职能的建设。实现二级学院人事编制管理适度自主，人事编制管理中有很多如人才引进（包括引进人才的层次及具体

学科方向）是需要二级学院主导的，将这种权力让渡给二级学院；人事编制管理中也有人员结构（职称结构、学科结构）等具体问题，二级学院难以单独完成，但又和其关系非常密切，高校要与二级学院合理分权、协调决策。同时，二级学院要加强人事编制管理相关职能的建设，该项工作由主管院长指挥，具体工作在现有部门中寻找专属部门管理，在已有人员中寻找专职人员负责。

（3）保证学术权力在人事编制管理中的核心地位。高校人事编制管理中有行政与学术两种权力存在，强化学术权力在人事编制管理中的地位，弱化行政权力，把包括人才引进、晋升、职称评定等决策权力归于学术委员会。

（二）重点突出，通过多元聘用制建设层次明晰主体稳定的教师梯队

全面推行"全员聘任，公开招聘，多元聘任"的聘任制度，全体教职员工签订聘用合同，明确双方的责任和权利，树立双方合理合法签约履聘观念；公开招聘高校内各个岗位（包括海内外）；聘任形式多样化，教育规模原编制内的专任教师、高级教学辅助岗位、职能部门岗位（包括具有行政职位的）三个主体岗位，是高校发展的中坚力量，也是高校保持核心竞争力的来源，采取"短期""中期""长期"相结合的聘任制，在保证人力资源主体稳定的前提下，激发这三类主体岗位人员的潜在动力，保持其危机意识，激起其进取心；教辅人员、行政人员（不包括具有行政职位的）与工勤人员采取"编内"与"编外"相结合，实现这类岗位人员的用人制度与社会市场接轨，保证人员的流动性，提高整体效益；新进人员是高校的新生力量，能给高校带来活力，采取"准聘"与"长聘"相结合，维持新进人员的创新精神和敬业态度，将新鲜"血液"注入高校教师队伍中。

（三）灵活优化，通过人事编制动态分类管理实现竞争与公平

全体教职工同工同酬，畅通各类人员转轨机制，不同类型的人事编制之间实行"流动、转岗、退出"机制，打破"能进不能出"的过往局面；同种类型的人事编制之间以流动性来激励教师的工作积极性，改变"能上不能下"的以往境况，将身份管理朝岗位管理转变，实现人事编制管理的竞争性与公平性。

二、建设科学完善的高校人事编制法规，彰显"法治"

十八届四中全会指出，法律是治国之重器，良法是善治之前提。制度设计是保障思想贯彻的前提，法律与法规的生命在于实施。

（一）强化高校独立法人地位，明确其在人事编制管理中的主导地位

确定高校独立法人地位，规范政府与高校的权利与义务，排除"条""块"限制，弱化高等学校的部门所有制，保证高校作为独立法人实体所应具备的自我发展、自我管理、自我约束的能力。通过法规的形式，保证高校在人事编制管理中的主导地位。

理顺高等学校法人内部各主体之间的权利与义务关系。以法规的形式明确高校党委、高等学校校长、学术委员会、教职工代表大会等主体在机构设置、人员聘用上的职权，保障监督的实现、学术权力的执行，防止权力的过于集中。

（二）科学化制定，保证高校人事编制管理"良法"的全面构建

各省级人大常委会结合当前高校发展状况对高校条例、法规进行全面修改、完善。首先，法规的制定要反映教师的意志，保障教师的权益，维护公平正义，符合客观规律，促进高校的和谐稳定；其次，完善高校人事编制管理法规体系，通过立改废释，保证法律法规的系统性和针对性，做到管理中有法可依、有规可循；最后，明晰高校人事编制管理法规的责权，确定高校人事管理各项法规中主体、客体和内容三要素，界定高校编制管理中各级管理主体的权利和义务，建立责权明确的管理体制。

（三）全方位实施，保障人事编制管理制度"善治"的有效实现

激活人事编制管理法规运行体系，通过建立法规运行的保障监督机制，如对各级编制条例管理进行督查，及时发现问题并进行纠偏；把教师编制管理纳入"双一流"指标，督促落实；加强法治队伍建设，保障各项法规的贯彻施行。

三、从人事行政管理向人力资源管理全面转变，确保"效益"

借鉴人力资本理论，将高校的人事行政管理转变为人力资源管理，即将人视为最重要的资源，通过科学管理使其升值增值。

（一）优化机构设置、合理配置人力资源，实现精简高速

科学设计高校组织机构，行政机构设置大胆借鉴我国政府部门的"大部制"改革，将职能相关部门进行合并，将其功能以具体服务为导向进行整合，减少管理成本，实现行政综合化；明晰职能边界，明确规定各职能部门的职责范围和权力界限，防止内容交叉重叠，造成职责难以厘清，做到各部门各司其职、各尽其责、各行其权、各善其事；合理配置人力资源，根据部门工作任务复杂程度与强度确定人员数目，以适合的人做恰当的事，保证人尽其才、才尽其用，避免人力资源的浪费；开拓多种分流渠道，解决人员结构性臃肿问题，通过培训、自主学习等手段，对教辅后勤等部门冗余人员实行转岗分流，充实职能管理部门的人手力量，保证核心管理工作的正常运作。

（二）再造人事编制管理职能部门流程，达到高效运转

传统的行政人事管理体制具有很多弊端，迫切需要对高校人事编制管理流程进行再造，一是要建立强调高校人力资源管理部门教师导向和成本绩效观念取向，提倡公平和竞争，注重分权和创新；二是要重塑部门内外关系及层级上下关系，明晰人事编制管理指挥链的各个层级及相关人员，防止多头指挥、交叉指挥与越级指挥；三是高校人力资源管理部门在履行职能、实施管理、提供服务的过程中，应保证运作程序公开透明、逻辑严密、便利高效。

（三）全面升级，满足需要的人事编制管理构成及配备，提高内在效能

全面升级，满足需要的人事编制管理构成及配备，既包括隐性的软件，如服务机制等，也包括显性的硬件，如信息技术等。

（1）升级高校人事编制管理政府服务机制。首先，新的服务机制政府角

色发生彻底改变，在高校人事编制管理相关实践中，从审批型向服务型转变，从权力型向责任型转变，从权力无限型向权力有限型转变；其次，政府更重视服务质量，确保政务信息的时效性，重视行政管理体制的公开性、透明性；再者，人事编制管理服务流程优化，实现服务流程的简化与通畅；最后，创新服务手段，实现服务手段的现代化。

（2）升级高校人事编制管理信息技术手段。将最新的网络技术、信息技术和数据系统等运用到人事编制管理中，在人才引进、绩效考核中，保证高校数据获得能力，提升数据治理能力；增强政府主管部门、高校人力资源部门与全体员工等多个主体间的联动与协同；优化办事流程、简化办事程序、压缩办事时限、改善办事环境，最终实现高校人事编制管理开放化、协同化与智慧化。

（四）提升人力资源管理实践，保证科学完善

根据高校的长远目标，制定人力资源规划、实施人才引进、落实人力资源开发；教师不仅安排岗位，还要根据高校目标和个体差异，为其做好职业生涯规划，进行培训；依据企业人力资源管理理论实践绩效考核、薪酬管理与激励等活动，如采用科学技术与方法、完善考核与测评系统、实施薪酬管理，激励不再局限于制度控制和物质刺激，更加注重教师的成就需要；重视人事管理部门的地位，将其设为决策层，直接参与高校的计划与决策。

四、将以人为本始贯于人事编制管理中，倡导"人本"

高校教师群体是一个特殊的群体，表现在知识层次高、成就需要强、追求工作的自主性、拥有一定的创新精神等，整个群体表现出个性化和多样化的特征，人事编制管理始终要贯彻以人为本的原则。

（一）深度打造，促进科学人性的人事编制改革校园文化的形成

宏观整体上，在重视人、关心人、以人为本的校园主体文化的基础上，加强民主科学的高校人事编制改革校园文化建设，首先，人事编制改革要符合"尊重、理解、信任、宽容"的大学组织文化特点；其次，将全体教职员工将

对人事编制改革的思想认识与重视度上升到高校文化意识层面；最后，营造符合高校教师人性需求的、基于合理竞争与有效激励的人事编制改革校园文化。

（二）多维构织，将"以人为本"的理念深入到管理各个领域

微观局部上，在绩效考核、薪酬管理、激励机制等人力资源管理多种实践过程中注重针对高校教师社会人的属性，发挥教师的自主能动性，激发教师的积极性和创造性，使教师的潜能得到充分发挥；在学校的一切管理活动中，紧紧围绕发挥教师的生存能力、职业发展能力和社会活动能力展开，为学校与教师间达成积极的心理契约创造良好的空间。

（三）优化岗位设置，搭建教师终身发展的平台和通道

岗位设置中，既考虑高校教师的共性，又兼顾个体的差异，让高校教师进入适合的岗位，愉悦地从事工作，最大限度地发挥自身潜力。搭建教师终身发展的平台，创建教师不断成长的通道，让教师在身份跨越中不断成长获得声誉，实现自身发展的长远目标，从而全面激发教师工作的积极主动性。

（四）立足人性需求，开创人事编制管理独有的激励机制

高校激励机制立足于高校教师的人性需求。

激励制度上，大胆借鉴国际经验，设计激励制度，如学习美国高校"非升即走"政策，引入真正的聘任制和任期制。

激励手段上，正激励与负激励相结合，利用身份认同产生的归属感、使命感、职业自豪感与身份跨越产生的成就感等人事编制管理独有的正激励手段，也可以通过转变观念、消除疑虑、讲究透明度等，实行人事编管理中转岗、分流、解聘等负激励手段。

激励对象上，激励对象因岗位而异，继续坚持较为成熟完善的基于教学科研社会服务为参考指标的专任教师绩效考核体系，以期为基准进行激励措施；大力创新教辅人员、行政人员相应的绩效考核体系，如行政管理相关人员采取职员职级制，建立通过提高管理与服务质量为导向的绩效考核体系。

结　论

本研究从高校人事编制管理概念的界定为出发点，建立在人力资源管理、高等教育学、教育经济与管理、社会交换论等相关理论之上，对我国高校人事编制管理进行了较为全面、科学、合理的研究，有了以下的发现，并呈现出如下特点。

（1）延续性。

本研究回顾过去，理清我国高校人事编制管理的历史沿革。将就新中国成立以后，受不同时期外部环境的变化与影响，提出人事编制管理呈现出不同的特点：第一阶段建国初期的"立、控、应"，第二阶段"大跃进"及"文化大革命"时期的"整、停、乱"，第三阶段改革开放时期的"改、放、进"。

着眼现在，以湖南省高校为例，对我高校人事编制管理现状进行调查，并发现以下问题：第一，高校专任教师短缺与职能部门结构性臃肿的矛盾并存；第二，高校人员结构与机构设置亟需调整；第三，高校人事编制管理程序优化程度不足；第四，高校人事编制管理未完全发挥其应有的激励功能。

展望未来，提出高校人事编制管理的中国选择应适应我国国情，遵循以先进理念为纲领，以解决我国现存的实际问题为起点，以全方位激励高校教师为终极目标为归宿的三条原则，认为我国高校人事编制管理未来发展趋势将具有政治引领、自由自治、注重效益、追求公平和激励导向的特点。整个研究具有较为完善的延续性。

（2）全面性。

本研究不仅近看国内实情，而且远观国外经验，全面探索了各国高校教师管理如"终身制教授、临时性讲师和短期雇佣教师"的英国、"选择任期制"的日本、"大学授课资格制、编外讲师制和讲座教授制"的德国,并深度分析了以"非升即走制和终身教职制"为特点的美国高校教师管理。并从四国教师管理的运行及特点中,总结出我国高校教师人事编制管理几点启示,第一,构建"以人为本、学术自由"的文化,第二,建设"公平、公开、公正"的制度,第三,执行"加大国家财政教育投入、践行高校人力资源管理"实践,研究立足于国内视角,积极朝外观测,整个研究视野开阔,具有全面性。

(3)实证性。

本研究不仅注意理论基础,更侧重实证研究,运用结构方程模型理论,使用 SPSS 和 AMOS 软件对高校人事编制管理激励机制建立模型并进行探索与论证,首先构建并验证了高校教师工作心理需求的量表,在此量表的基础上,对高校人事编制管理、教师绩效与工作心理需求的关系进行研究,发现高校人事编制管理对教师绩效有正向影响,工作心理需求在高校人事编制管理与教师绩效中具有中介效应;对高校人事编制管理、教师绩效与组织环境的关系进行研究,发现高校人事编制管理对教师绩效有正向影响,组织环境在高校人事编制管理与教师绩效中起中介效应。

(4)可行性。

本研究并未完全囿于量表、关系的构建与验证、原理的探索,对于高校人事编制管理策略的制定提出了可执行的建议,从健全政府放权下的高校人事编制管理,创建"和谐"、建设科学完善的高校人事编制法规,彰显"法治"、从人事行政管理朝人力资源管理全面转变,确保"效益"、将以人为本始贯于人事编制管理中,倡导"人本"四大方面,提出了以下切实可行的策略建议:

① 简政放权,建立和谐的高校人事编制管理系统;重点突出,通过多元聘用制建设层次明晰主体稳定的教师梯队;灵活优化,通过人事编制动态分类管理实现竞争与公平。

② 强化高校独立法人地位,明确其在人事编制管理中的主导地位;科学化制定,保证高校人事编制管理"良法"的全面构建;全方位实施,保障人事

编制管理制度"善治"的有效实现。

③ 优化机构设置、合理配置人力资源，实现精简高速；再造人事编制管理职能部门流程，达到高效运转；升级满足需要的人事编制管理构成及配备，提高内在效能；提升人力资源管理实践，保证科学完善。

④ 深度打造，促进科学人性的人事编制改革校园文化的形成；多维构织，将"以人为本"的理念深入到管理各个领域；优化岗位设置，搭建教师终身发展的平台和通道；立足人性需求，开创人事编制管理独有的激励机制。

本研究也存在一些不足，未来需要在这些方面中加以改进完善。第一，由于疫情及其他不可控因素，海外调研难度增大，国外高校教师管理经验二手资料过多，缺乏一手调查方法如访谈法、实验法、问卷法的运用，未来的研究将走出国门，对国外高校教师管理办法进行实地调研；第二，本研究探索了工作心理需求在人事编制管理对教师绩效中的中介作用，囿于工作心理需求的情境性、复杂性和特殊性，可能还存在其他待探索的中介变量和调节变量，未来将考虑通过多层线性模型或操纵自变量及中介变量来探讨高校人事编制管理与教师绩效之间的因果关系；第三，实证部分，研究分析不够深入，如需求量表研究中各公共因子之间的关系，激励机制模型中人力资源管理各个实践对教师绩效的预测作用以及对工作心理需求各因子的分别影响在研究中没有得到很好体现，未来的研究将对这些问题进行更深层次探寻，在进一步清晰内在机制的基础上，更加深入探索其作用规律。

参考文献

◎ 白瑷峥，2011. 基于员工需求满足的人性化工作设计 [J]. 山西财经大学学报（S1）：115-116.

◎ 包万平，薛南，2019. 我国大学学术权力运行的历史变迁研究 [J]. 重庆大学学报（社会科学版），25（6）：193-204.

◎ 蔡连玉，2014. 教师"身份变革"与公立大学人力资源管理现代转型 [J]. 现代大学教育（1）：32-38，112.

◎ 曹俊，2015. 美国大学教师晋升制度研究：以威廉玛丽学院为例 [D]. 扬州：扬州大学.

◎ 岑红霞，贺天成，2018. 美国高校教师聘任过程中的权力关系 [J]. 教育展望，47（4）：54-63.

◎ 陈梦迁，2010. 人事制度分类管理背景下公立高校和教师的法律关系转变 [J]. 中国高教研究（1）：47-50.

◎ 陈艺波，2009. 德国高校教师制度理念探析 [J]. 比较教育研究，31（2）：35-39.

◎ 陈永明，2013. 日本教师教育的经验与缺失 [J]. 上海师范大学学报（哲学社会科学版），42（2）：86-95.

◎ 陈钰萍，2005. 人力资本理论与高校人事制度的改革创新 [J]. 四川师范大学学报（社会科学版）（5）：71-74.

◎ 陈泽，胡弼成，2013. 生师比：人才培养质量的重要指示器 [J]. 大学教育科学（3）：118-124.

◎ 程军, 2001. 建立教育职员制度, 深化高校人事管理体制改革 [J]. 高等师范教育研究（3）: 9-11.

◎ 丁琳, 张华, 2013. 不同组织环境下领导与员工创造力的权变关系研究 [J]. 管理评论, 25（7）: 111-119.

◎ 丁小浩, 2000. 中国高等院校规模效益的实证研究 [M]. 北京: 教育科学出版社.

◎ 段从宇, 伊继东, 2019. 高校教师流动的本质内涵及合理性判别: 兼论"双一流"建设背景下的高校引才 [J]. 高校教育管理, 13（3）: 89-96.

◎ 范明, 杨小楠, 2016. 高校教师学术休假制度的构建与完善 [J]. 北京工业大学学报（社会科学版）, 16（2）: 64-70.

◎ 费纳新, 2018. 二战后哈佛大学教师聘任制度研究 [D]. 沈阳: 沈阳师范大学.

◎ 高迎爽, 2012. 法国现代大学制度的确立及其法律基础 [J]. 教育学术月刊（2）: 86-89.

◎ 龚孟伟, 南海, 2019. 高校教师自我身份认同及其提升策略探析: 基于弗洛姆期望理论的考察 [J]. 教育理论与实践, 39（18）: 31-33.

◎ 管培俊, 2014. 新一轮高校人事制度改革的走向与推进策略 [J]. 中国高等教育（10）: 18-22.

◎ 郭文斌, 马永全, 吉刚, 2019. 乡村教师心理需求对工作投入的影响: 组织承诺的中介作用 [J]. 当代教育与文化, 11（5）: 89-97.

◎ 胡碧蓝, 2013. 高校人事代理制度与大学精神 [J]. 黑河学刊（12）: 130-132.

◎ 胡剑虹, 2004. 日本高等教育制度评介 [D]. 苏州: 苏州大学.

◎ 胡中锋, 2002. 论高校人事管理向人力资源管理的转轨 [J]. 华南师范大学学报社科版（5）: 119-124, 140.

◎ 化振勇, 2015. 高校非事业编制人员管理探索 [J]. 北京教育（高教）（9）: 40-42.

◎ 黄尔嘉，2018. 基于系统动力原理的高校人事管理研究：1978年以来的国家政策回顾 [J]. 复旦教育论坛，16（6）：20-26.

◎ 赖云云，朱爱萍，2010. 综合性研究型大学人事分类管理综述：旨在提升高校学术生产力的人事制度改革 [J]. 知识经济（22）：3-5.

◎ 乐园罗，朱益民，张扬，等，2015. 高校教师岗位分类管理的价值认同 [J]. 高等工程教育研究（5）：59-64.

◎ 李宝斌，许晓东，2013. 高校教师评价中的博弈分析及正能量激发 [J]. 湖南师范大学教育科学学报，12（6）：81-85.

◎ 李春艳，2009. 普通高校人员编制若干问题的探讨 [J]. 江苏广播电视大学学报，20（3）：94-96.

◎ 李立国，2016. 取消编制高校迎来放权，面临挑战 [N]. 光明日报（教育周刊），02-23（1）.

◎ 李立国，2016. 一流大学建设视野下的高校综合改革 [J]. 国家教育行政学院学报（2）：3-9.

◎ 李萍，2005. 高校人事制度改革的哲学思考 [J]. 中国高等教育（9）：19-21.

◎ 李志锋，高慧，2013."编制"之困：高校教师的组织身份属性与身份认同 [J]. 高教发展与评估（5）：43-45.

◎ 梁宏飞，魏英，周先意，2009. 高校内部编制管理存在的问题及对策探讨 [J]. 中国高校师资研究（2）：4-6.

◎ 刘大卫，2016. 高校人事制度深度改革中的缺陷及其改进策略 [J]. 兰州学刊（6）：155-162.

◎ 刘鸿，2014. 美国高校教师聘用类型的分层 [J]. 中国高教研究（12）：38-43.

◎ 刘泰洪，2018. 学术职业视角下高校教师的身份认同与构建 [J]. 当代教育科学（4）：47-50.

◎ 刘伟，朴雪涛，2013. 国外教师聘任制的特点及其对我国高校人事代理制度的启示 [J]. 现代教育管理（8）：114-118.

◎ 刘献君，张俊超，吴洪富，2010．大学教师对于教学与科研关系的认识和处理调查研究 [J]．高等工程教育研究（2）：35-42．

◎ 刘宇文，夏婧，2015．关注需要的多样性：高校教师激励的基点 [J]．国家教育行政学院学报（9）：27-32．

◎ 罗仲尤，刘樱，2015．美国公立大学教师薪酬制度的特点与启示：以加州大学为例 [J]．大学教育科学（4）：28-31．

◎ 欧金荣，明庭庆，2009．论高等农业院校编制的核定与管理 [J]．华中农业大学学报（社会科学版）（1）：45-47．

◎ 庞然，刘广青，李显扬，等，2014．美国高校教师聘任与管理的特点及启示：以加州大学戴维斯分校为例 [J]．北京化工大学学报（社会科学版）（4）：30-34．

◎ 彭艳芳，2015．从美国的教师"职业准入"制度谈高校教师队伍建设 [J]．企业导报（9）：111-112．

◎ 邱欣悦，2014．美国高校教师招聘研究：对我国高校教师招聘的启示 [J]．科教文汇（中旬刊）（10）：202-203．

◎ 曲正伟，2007．教师的"身份"与"身份认同" [J]．教育发展研究（7）：34-38．

◎ 史茜，舒晓兵，罗玉越，2010．工作需求控制支持压力模型及实证研究评析 [J]．心理科学进展，18（4）：655-663．

◎ 孙惠敏，王云儿，2012．民办高校教师身份差异对幸福感的影响研究 [J]．黑龙江高教研究，30（5）：80-83．

◎ 孙颖，2015．美国弗吉尼亚州公立院校终身教职职后考评制度研究 [D]．扬州：扬州大学．

◎ 谭正航，2015．公立高校章程中实施机制的规定问题：基于6校章程文本的实证分析 [J]．中国高教研究（11）：43-48．

◎ 唐鑫铭，2016．美国匹兹堡大学教师管理制度研究 [D]．成都：四川师范大学．

◎ 田罡，赵利军，2012. 对加强高校人员编制管理工作的几点思考 [J]. 中国轻工教育（2）：43-45.

◎ 田贤鹏，2017. 取消高校教师事业编制管理的理性之思 [J]. 教师教育研究，29（1）42-46.

◎ 王金友，蒲诗璐，王慧敏，等，2014. 高校教师岗位分类管理刍议：国外一流大学的经验和我国高校的实践 [J]. 四川大学学报（哲学社会科学版）（2）：127-136.

◎ 王晓龙，刘景瑜，2014. 日本高校教师人事制度的启示 [J]. 吉林省教育学院学报（上旬），30（2）：27-28.

◎ 王喆，李霏，李红姝，等，2015. 我国高校教师分类评价机制存在的问题及对策研究 [J]. 人才资源开发，（16）：151-152.

◎ 文灵玲，徐锦芬，2014. 国外教师专业身份研究综述 [J]. 教师教育研究，26（6）：93-100.

◎ 吴斌，骆琪，2012. 高校编制管理问题与对策研究 [J]. 北京教育（高教版）（9）：42-45.

◎ 吴高华，2015. 学校分类管理背景下教师聘任制的重构 [J]. 中国管理信息化，18（22）：230-232.

◎ 吴清，2017. 德国大学教授制度研究 [D]. 南京：南京理工大学.

◎ 辛春晖，2012. 心理学视角下高校岗位设置管理中激励机制的研究 [J]. 黑龙江高教研究，30（10）：89-92.

◎ 辛方坤，孙荣，2014. 编制管理与组织人事及财政管理配合制约机制研究 [J]. 中国行政管理（8）：49-52.

◎ 邢周凌，2009. 高校最佳人力资源管理实践对组织绩效的影响 [J]. 系统工程理论与实践，29（11）：112-122.

◎ 熊洋，周永红，李海龙，等，2015. 高校教师心理需求与离职行为：工作满意度的中介作用 [J]. 中国临床心理学杂志，23（2）：362-364.

◎ 徐庆国，2016. 在高校人事制度改革中推进高校管理人员专业化 [J]. 中国高等教育（18）：23-25.

◎ 徐长江，陈实，毛梦雨，2017. 从个人 - 环境匹配视角看高校教师的工作投入 [J]. 黑龙江高教研究（3）：127-131.

◎ 薛美玲，2008. 日本高校人力资源管理的启示 [J]. 当代教育论坛（校长教育研究）（7）：25-27.

◎ 杨广晖，胡惠迪，2019. 英国伯明翰大学教师职称评审制度述评 [J]. 高教发展与评估，35（5）：70-79，116-117.

◎ 杨浩，刘佳伟，2015. 最佳人力资源管理实践与企业绩效的关系研究 [J]. 科研管理，36（S1）：265-271，278.

◎ 杨勇志，2004. 高校人事编制管理研究 [D]. 武汉：武汉理工大学.

◎ 杨月梅，2016. 高校编制管理与岗位管理探析 [J]. 人力资源管理（6）：140-142.

◎ 叶芬梅，2009. 建国60年高校教师职称制度变迁逻辑与制度反思 [J]. 现代大学教育（6）：33-38，112.

◎ 由由，2013. 大学教师队伍建设中的筛选机制：以美国五所世界一流大学为例 [J]. 北京大学教育评论，11（4）：87-97，187.

◎ 袁庆林，林新奇，2012. 英国高校人力资源管理经验初探 [J]. 外国教育研究，39（10）：79-87，120.

◎ 曾雄军，2011. 高校岗位设置管理工作中的障碍性问题研究 [J]. 北京教育（高教）（4）：37-39.

◎ 张春虎，2019. 基于自我决定理论的工作动机研究脉络及未来走向 [J]. 心理科学进展，27（8）：1489-1506.

◎ 张凯. 英国高校人力资源管理的创新经验及对我国的启示 [J]. 南昌师范学院学报，42（3）：100-103.

◎ 张丽，刘焱，裘指挥，2021. 美国高校"非升即走"制的保障机制分析：

兼论我国实施该制度的路径优化 [J]. 比较教育研究，2015，37（7）：56-61.

◎ 张学和，宋伟，方世建，2012. 组织环境对知识型员工个体创新绩效影响的实证研究 [J]. 中国科技论坛，（10）：92-97.

◎ 张艳梅，2015. 美国高校教师管理制度探析：以阿默斯特学院为例 [J]. 重庆高教研究，3（5）：71-75，86.

◎ 章凯，李滨予，2012. 组织环境因素影响员工创新能力的动力机制探索 [J]. 安徽大学学报（哲学社会科学版），36（4）：149-156.

◎ 赵延东，石长慧，徐莹莹，等，2020. 科技工作者职业倦怠的变化趋势及其组织环境影响因素分析 [J]. 科学与社会，10（1）：62-75.

◎ 赵志艳，蔡建峰，2018. 组织环境、自我效能感与学者的产业参与行为 [J]. 当代经济管理，40（10）：15-22.

◎ 朱景坤，2012. 美国大学教师学术自由的逻辑基础与制度保障 [J]. 比较教育研究，34（2）：26-30.

◎ 朱正奎，2019. 高校教师职称评审的制度缺陷及其纠偏 [J]. 江苏高教（11）：44-46.

◎ 朱竹笑，2014. 美国弗罗斯特堡州立大学教师管理研究 [D]. 长沙：湖南师范大学.

◎ 庄晨忠，2018. 我国高校章程制定中的"四种权力"困境及其对策 [J]. 国内高等教育教学研究动态（5）：5.

◎ 左崇良，游其胜，2017. 教师编制政策的制度变迁和路径依赖 [J]. 教育学术月刊（1）：51-58.

◎ AURIOL E, FRIEBEL G, BIEBERSTEIN F V, 2016. The firm as the locus of social comparisons: Standard promotion practices versus up-or-out[J]. Journal of economic behavior & organization, (121): 41-59.

◎ AUTIN K L, DUFFY R D, BLUSTEIN D L, et al., 2019. The development and initial validation of need satisfaction scales within the psychology of working theory[J]. Journal of counseling psychology, 66(2): 195-209.

◎ BAKKER A B, 2011. An evidence-based model of work engagement[J]. Current directions in psychological science, 20(4): 265-269.

◎ BOWEN D E, OSTROFF C, 2004. Understanding HRM-Firm performance linkages: The role of the "Strength" of the HRM system[J]. The academy of management review, 29(2): 203-221.

◎ BRIEN M, FOREST J, MAGEAU G A, et al., 2012. The Basic Psychological Needs at Work Scale: Measurement invariance between Canada and France[J]. Applied psychology health and well-being, 4(2): 167-187.

◎ BRIEN M, HASS C, SAVOIE A, 2012. Psychological health as a mediator between need satisfaction at work and teachers' self-perceptions of performance [J]. Canadian journal of behavioural science, 44(4): 288-299.

◎ BROECK A V D, VANSTEENKISTE M, WITTE H D, et al., 2010. Capturing autonomy, competence and relatedness at work: Construction and initial validation of the workrelated basic need satisfaction scale[J]. Journal of occupational and organizational psychology, 83(4): 1-22.

◎ BROWN A K, JANSEN K J, COLBERT A E, 2002. A policy-capturing study of the simultaneous effects of fit with jobs, groups, and organizations[J]. Journal of applied psychology, 87(5): 985-993.

◎ CALDWELL D F, O'REILLY III C A, 1990. Measuring person-job fit with a profile-comparison process[J]. Journal of applied psychology, 75(6): 648-657.

◎ CAMPION M A, 1988. Interdisciplinary approaches to job design: A constructive replication with extensions[J]. Journal of applied psychology, 73(3): 467-481.

◎ CHEN B W, VANSTEENKISTE M, BEYERS W, et al., 2015. Basic psychological need satisfaction, need frustration, and need strength across four cultures[J]. Motivation and emotion, 39(2): 216-236.

◎ CHEW, 2004.The Influence of human resource management practices on the rentention of core employees[D]. Perth: Murdoch University.

◎ CHIRUMBOLO A, URBINI F, CALLEA A, et al., 2017. The impact of qualitative job insecurityon identification with the organization[J]. Swiss journal of psychology, 76 (3): 117-123.

◎ CHRISTOPHER O, 1985. The effects of need for achievement and need for independence on the relationship between perceived job attributes and managerial satisfaction and performance[J]. International journal of psychology, 20(2): 207-219.

◎ CLINTON M, GUEST D E, 2013. Testing universalistic and contingency HRM assumptions across job levels[J]. Personnel review, 42 (5): 529-551.

◎ CONARD M J, CONARD M A, 2000. An analysis of academic reputation as perceived by consumers of higher education[J]. Journal of marketing for higher education, 9(4): 69-80.

◎ DATTA D K, GUTHRIE J P, WRIGHT P M, 2005. Human resource management and labor productivity: Does industry matter?[J]. Academy of management journal, 48(1): 135-145.

◎ DEAN A, WORCESTER J R, 1957. Standards of faculty tenure and promotion: A pure theory[J]. Administrative science quarterly, 2(2): 216-234.

◎ DECI E L, RYAN R M, 2000.The "what" and "why" of goal pursuits: Human needs and the self-determination of behavior[J]. Psychological inquiry, 11(4): 227-268.

◎ DECRAMER A, SMOLDERS C, VANDERSTRAETEN A, 2013. Employee performance management culture and system features in higher education: Relationship with employee performance management satisfaction[J]. The international journal of human resource management, 24(2): 352-371.

◎ DICKE T, STEBNER F, LINNINGER C, et al., 2018. A longitudinal study of teachers' occupational well-being: Applying the job demands-resources model[J]. Journal of occupational health psychology, 23(2): 262-277.

◎ DWECK C S, 2017. From needs to goals and representations: Foundations for a unified theory of motivation, personality, and development[J]. Psychological review, 124(6): 689-719.

◎ DYER L, REEVES T, 1995. Human resource strategies and firm performance: What do we know and where do we need to go?[J]. International journal of human resource management, 6(3): 656-670.

◎ FEY C F, BJÖRKMAN I, PAVLOVSKAYA A, 2000. The effect of human resource management practices on firm performance in Russia[J]. International journal of human resource management, 11(1): 1-18.

◎ GAGNÉ M, 2003. The role of autonomy support and autonomy orientation in prosocial behavior engagement[J]. Motivation and emotion, 27(3): 199-223.

◎ GRAEX G B, DAEIS R V, DAVID J.1968. Need type and job satisfaction among industrial scientists University of Minnesota[J]. Journal of applied psychology, 52(4):286-289.

◎ GREGURAS G J, DIEFENDORF J M, 2009. Different fits satisfy different needs: linking person-environment fit to employee commitment and performance using self-determination theory[J].Journal of applied psychology, 94(2):465-477.

◎ GHOSH S, WALDMAN M, 2010. Standard promotion practices versus up-or-out contracts[J]. Rand journal of economics, 41(2): 301-325.

◎ GIBBS P, LOCK B, 1989. Tenure and promotion is accredited graduate social work programs[J]. Journal of social work education, 25(2): 126-133.

◎ GIETER S D, HOFMANS H, BAKKER A B, 2018. Need satisfaction at work, job strain, and performance: A diary study[J]. Journal of occupational health psychology, 23(3): 361-372.

◎ GILLET N, GAGNÉ M, CHEVALIER S, et al., 2013. The role of supervisor autonomy support, organizational support, and autonomous and controlled motivation in predicting employees' satisfaction and turnover intentions[J]. European journal of work and organizational psychology, 22(2): 450-460.

◎ GLAZER A, 2012. Up-or-out policies when a worker imitates another[J]. Journal of economic behavior and organization, 84(1): 432-438.

◎ GONG M W, NAN H, 2019. An analysis of college teachers' self-identity and promotion strategies: An investigation based on vroom's expectancy theory[J]. Theory and practice of education, 39(18): 31-33.

◎ GOULD-WILLIAMS J S, 2003. The importance of HR practices and workplace trust in achieving superior performance: A study of public-sector organizations[J]. International journal of human resource management, 14(1): 28-54.

◎ GREGURAS G J, DIEFENDORFF J M, 2009. Different fits satisfy different needs: Linking person-environment fit to employee commitment and performance using self-determination theory[J]. Journal of applied psychology, 94(2): 465-477.

◎ GUARANTOR A D R A, 2012. Human resource management excellence and its effect on business results in large industrial organizations in Jordan[J]. Journal of administration and economics, 34 (90): 1-23.

◎ GUEST D E. 1997. Human resource management and performance: a review and research agenda[J]. International journal of human resource management, 8(3): 263-276.

◎ HAIVAS S, HOFMANS J, PEPERMANS R G, 2014. "What motivates you doesn't motivate me": Individual differences in the needs satisfaction-motivation relationship of romanian volunteers[J]. Applied psychology: An international review, 63 (2), 326-343.

◎ HARDIN E E, DONALDSON J R, 2014. Predicting job satisfaction: A new perspective on person-environment fit[J]. Journal of counseling psychology, 61(4): 634-640.

◎ HETLAND J, HETLAND H, BAKKER A B, et al., 2015. Psychological need fulfillment as a mediator of the relationship between transformational leadership and positive job attitudes[J]. Career development international, 20(5): 464-481.

◎ HUSELID M A, BECKER B E, 2000. Comment on "measurement error in research on human resources and firm performance: how much error is there and how does it influence effectsize estimates?" by gerhart, wright, mc mahan, and snell[J]. Personnel psychology, 53(4): 835-854.

◎ IYEM C, SAVASIR S, 2017. Human resources professionals' point of views on applying of the human resources planning: 'example of isbir synthetic' [J]. International journal of academic research in business and social sciences, 7(5): 83-94.

◎ JOHNSTON M M, FINNEY S J, 2010. Measuring basic needs satisfaction: Evaluating previous research and conducting new psychometric evaluations of the Basic Needs Satisfaction in General Scale[J]. Contemporary educational psychology, 35: 280-296.

◎ JUNGERT T, BROECK A V, SCHREURS B,et al. 2018. How colleagues can support each other's needs and motivation: An intervention on employee work motivation[J].Applied psychology: An international review(67): 3-29.

◎ KATOU A A, BUDHWAR P S, 2010. Causal relationship between HRM policies and organizational performance: Evidence from the Greek manufacturing sector [J]. European management journal, 28(1): 25-39.

◎ LATHAM G P, PINDER C C, 2005. Work motivation theory and research at the dawn of the twenty-first century[J]. Annual review of psychology, 56(1): 485-

516.

◎ LONGO Y, GUNZ A, CURTIS G J, et al., 2016. Measuring need satisfaction and frustration in educational and work contexts: the need satisfaction and frustration scale (NSFS)[J]. Journal of happiness studies (17): 295-317.

◎ MASSIE J L, JOHN D, 1973. Managing: a contemporary introduction[M]. New Jersey: Prentice Hall.

◎ MERTLER C A, 2002. Job satisfaction and perception of motivation among middle and high school teachers[J]. American secondary education, 31(1): 43-53.

◎ MORRIS J H, SNYDER R A, 1979. A second look at need for achievement and need for autonomy as moderators of role perception–outcome relationships[J]. Journal of applied psychology, 64(2): 173-178.

◎ NEWMAN K K, BURDEN P R, APPLEGATE J H, 1979. Helping teachers examine their long range development[J].The teacher educator, 15(4):7-14.

◎ PARK H J, MITSUHASHI H, FEY C F, et al., 2003. The effect of human resource management practices on Japanese MNC subsidiary performance: a partial mediating model[J]. The international journal of human resource management, 14(8): 1391-1406.

◎ PARKER B, CHUSMIR L H, 1991.Motivation Needs and Their Relationship to Life Success[J]. Human relations, 44(12):234-256.

◎ PARKER S K, AXTELL C, TURNER N, 2001. Designing a safer workplace: Importance of job autonomy, communication quality, and supportive supervisors [J]. Journal of occupational health psychology, 6(3): 211-228.

◎ PATRICK H, KNEE C R, CANEVELLO A, et al., 2007. The role of need fulfillment in relationship functioning and well-being: A self-determination theory perspective[J]. Journal of personality and social psychology, 92(3): 434-457.

◎ PETEGEM S V, BEYERS W, VANSTEENKISTE M, et al., 2012. On the association between adolescent autonomy and psychosocial functioning: examining decisional independence from a self-determination theory perspective[J]. Developmental psychology, 48(1): 76-88.

◎ PINDER C C, 1998. Motivation in work organizations[M]. New Jersey: Prentice Hall.

◎ RICHARD O C, JOHNSON N B, 2001. Strategic human resource management effectiveness and firm performance[J]. International journal of human resource management, 12(2): 299-310.

◎ RUF B M, CHUSMIR L H, 1991. Dimensions of success and motivation needs among managers[J]. The journal of psychology, 125(6): 631-640.

◎ RYAN R M, BERNSTEIN J H, BROWN K W, 2010. Weekends, work, and wellbeing: Psychological need satisfactions and dayof the week effects on mood, vitality, and physical symptoms[J]. Journal of social and clinical psychology, 29(1): 95-122.

◎ SCHULER R S, JACKSON S E, 1987. Linking competitive strategies and human resource management practices[J]. The academy of management executive, 1(3): 207-229.

◎ SCHWARTZ S H, BARDI A, 2001. Value hierarchies across cultures: Taking a similarities perspective[J]. Journal of cross cultural psychology(32): 268-290.

◎ SHAPIRO H N, 2006. Promotion & tenure & the scholarship of teaching & learning[J]. Change, 38(2): 38-43.

◎ SHELDON K M, HILPERT J C, 2012. The balanced measure of psychological needs (BMPN) scale: An alternative domain general measure of need satisfaction [J]. Motivation and emotion, 36(4):439-451.

◎ SHIN J C, HARMAN G, 2009. New challenges for higher education: global and

Asia-Pacific perspectives[J]. Asia pacific education review, 10(1): 1-13.

◎ STEERS R M, 1975. Effects of need for achievement on the job performance-job attitude relationship[J]. Journal of applied psychology, 60(6): 678-682.

◎ SUAN C L, NASURDIN A M, 2014. An empirical investigation into the influence of human resource management practices on work engagement: the case of customer-contact employees in Malaysia[J]. International journal of culture, tourism and hospitality research, 8(3): 345-360.

◎ SUN L Y, ARYEE S, LAW K S, 2007. High-performance human resource practices, citizenship behavior, and organizational performance: A relational perspective[J]. Academy of management journal, 50(3): 558-577.

◎ THOMAS K A, 2010.Work Motivation and Job Satisfaction of Teachers[J]. Southeastern teacher education journal, 3 (1): 101-112.

◎ VANSTEENKISTE M, LENS W, SOENENS B, et al., 2006. Autonomy and relatedness among Chinese sojourners and applicants: Conflictual or independent predictors of well-being and adjustment?[J]. Motivation and emotion(30): 273-282.

◎ VOSS C, TSIKRIKTSIS N, FUNK B, et al., 2005. Managerial choice and performance in service management-a comparison of private sector organizations with further education colleges[J]. Journal of operations management, 23(2): 179-195.

◎ VROOM V H, 1964. Work and motivation[M]. New York: John Wiley and Sons, Inc.

◎ WALTMAN J, BERGOM I, HOLLENSHEAD C, et al., 2012. Factors contributing to job satisfaction and dissatisfaction among non-tenure-track faculty[J]. The journal of higher education, 83(3): 411-434.

◎ WANG L, LAW K, ZHANG M J, et al., 2019. It's mine! psychological ownership of one's job explains positive and negative workplace outcomes of job engagement [J]. Journal of applied psychology, 104(2): 229-246.

◎ WARR P, ILKE I, 2012. Job engagement, job satisfaction, and contrasting associations with person-job fit[J]. Journal of occupational health psychology, 17(2): 129-138.

◎ WRIGHT T A, CROPANZANO R, BONETT D G, 2007. The moderating role of employee positive well being on the relation between job satisfaction and job performance[J]. Journal of occupational health psychology, 12(2): 93-104.

◎ YAGIL D, LIRAZ H M, 2016. Personally committed to emotional labor: Surface acting, emotional exhaustion and performance among service employees with a strong need to belong[J]. Journal of occupational health psychology, 22(4): 481-491.

◎ YOUNDT MA, SNELL S A, 2004. Human resource configurations, intellectual capital, and organizational performance[J]. Journal of managerial issues, 16(3): 337-360.

附　　录

附录1　湖南省某高校机构设置一览表

党政管理机构

党委办公室 校长办公室 "三升"办公室	合署办公 挂靠：稳定办公室 挂靠：档案馆（副处级）
党委组织部、党校 党委统战部	合署办公
党委宣传部	
纪委 监察室	合署办公
党委学生工作部 学生工作处 武装部	合署办公 下设：学生公寓管理服务中心（副处级）
发展规划处	
人事处	
教务处	
科研处	
研究生院	
招生就业指导处	
国际交流与合作处 港澳台事务办公室	合署办公
财务处	
审计处	

党委保卫部 保卫处	挂靠：610办公室 社会治安综合治理办公室
资产管理处（资产管理平台）	
后勤处	
基建处	
离退休工作处	

党政团组织

工会	挂靠：计生办（副处级）
团委	
校友工作办公室	
机关党委	

教辅直属机构

图书馆	
现代教育技术中心	
创业教育与实践教学中心	
教学评估中心	
学报编辑部	
大数据与互联网创新研究院	
经济与贸易发展研究院	
廉政建设协同创新中心	
高等教育研究所	
继续教育学院	
三汊矶土地置换利用办公室	
集中采购中心	
后勤服务总公司	
商用汽车厂	

教学院部

此部分略。

附录2 《中共中央 国务院关于全面深化新时代教师队伍建设改革的意见》

（2018年1月20日）

百年大计，教育为本；教育大计，教师为本。为深入贯彻落实党的十九大精神，造就党和人民满意的高素质专业化创新型教师队伍，落实立德树人根本任务，培养德智体美全面发展的社会主义建设者和接班人，全面提升国民素质和人力资源质量，加快教育现代化，建设教育强国，办好人民满意的教育，为决胜全面建成小康社会、夺取新时代中国特色社会主义伟大胜利、实现中华民族伟大复兴的中国梦奠定坚实基础，现就全面深化新时代教师队伍建设改革提出如下意见。

一、坚持兴国必先强师，深刻认识教师队伍建设的重要意义和总体要求

1.战略意义。教师承担着传播知识、传播思想、传播真理的历史使命，肩负着塑造灵魂、塑造生命、塑造人的时代重任，是教育发展的第一资源，是国家富强、民族振兴、人民幸福的重要基石。党和国家历来高度重视教师工作。党的十八大以来，以习近平同志为核心的党中央将教师队伍建设摆在突出位置，作出一系列重大决策部署，各地区各部门和各级各类学校采取有力措施认真贯彻落实，教师队伍建设取得显著成就。广大教师牢记使命、不忘初衷，爱岗敬业、教书育人，改革创新、服务社会，作出了重要贡献。

当今世界正处在大发展大变革大调整之中，新一轮科技和工业革命正在孕育，新的增长动能不断积聚。中国特色社会主义进入了新时代，开启了全面建设社会主义现代化国家的新征程。我国社会主要矛盾已经转化为人民日益增长的美好生活需要和不平衡不充分的发展之间的矛盾，人民对公平而有质量的教育的向往更加迫切。面对新方位、新征程、新使命，教师队伍建设还不能完全适应。有的地方对教育和教师工作重视不够，在教育事业发展中重硬件轻软件、

重外延轻内涵的现象还比较突出，对教师队伍建设的支持力度亟须加大；师范教育体系有所削弱，对师范院校支持不够；有的教师素质能力难以适应新时代人才培养需要，思想政治素质和师德水平需要提升，专业化水平需要提高；教师特别是中小学教师职业吸引力不足，地位待遇有待提高；教师城乡结构、学科结构分布不尽合理，准入、招聘、交流、退出等机制还不够完善，管理体制机制亟须理顺。时代越是向前，知识和人才的重要性就愈发突出，教育和教师的地位和作用就愈发凸显。各级党委和政府要从战略和全局高度充分认识教师工作的极端重要性，把全面加强教师队伍建设作为一项重大政治任务和根本性民生工程切实抓紧抓好。

2. 指导思想。全面贯彻落实党的十九大精神，以习近平新时代中国特色社会主义思想为指导，紧紧围绕统筹推进"五位一体"总体布局和协调推进"四个全面"战略布局，坚持和加强党的全面领导，坚持以人民为中心的发展思想，坚持全面深化改革，牢固树立新发展理念，全面贯彻党的教育方针，坚持社会主义办学方向，落实立德树人根本任务，遵循教育规律和教师成长发展规律，加强师德师风建设，培养高素质教师队伍，倡导全社会尊师重教，形成优秀人才争相从教、教师人人尽展其才、好教师不断涌现的良好局面。

3. 基本原则

——确保方向。坚持党管干部、党管人才，坚持依法治教、依法执教，坚持严格管理监督与激励关怀相结合，充分发挥党委（党组）的领导和把关作用，确保党牢牢掌握教师队伍建设的领导权，保证教师队伍建设正确的政治方向。

——强化保障。坚持教育优先发展战略，把教师工作置于教育事业发展的重点支持战略领域，优先谋划教师工作，优先保障教师工作投入，优先满足教师队伍建设需要。

——突出师德。把提高教师思想政治素质和职业道德水平摆在首要位置，把社会主义核心价值观贯穿教书育人全过程，突出全员全方位全过程师德养成，推动教师成为先进思想文化的传播者、党执政的坚定支持者、学生健康成长的指导者。

——深化改革。抓住关键环节，优化顶层设计，推动实践探索，破解发展瓶颈，把管理体制改革与机制创新作为突破口，把提高教师地位待遇作为真招实招，增强教师职业吸引力。

——分类施策。立足我国国情，借鉴国际经验，根据各级各类教师的不同特点和发展实际，考虑区域、城乡、校际差异，采取有针对性的政策举措，定向发力，重视专业发展，培养一批教师；加大资源供给，补充一批教师；创新体制机制，激活一批教师；优化队伍结构，调配一批教师。

4.目标任务。经过5年左右努力，教师培养培训体系基本健全，职业发展通道比较畅通，事权人权财权相统一的教师管理体制普遍建立，待遇提升保障机制更加完善，教师职业吸引力明显增强。教师队伍规模、结构、素质能力基本满足各级各类教育发展需要。

到2035年，教师综合素质、专业化水平和创新能力大幅提升，培养造就数以百万计的骨干教师、数以十万计的卓越教师、数以万计的教育家型教师。教师管理体制机制科学高效，实现教师队伍治理体系和治理能力现代化。教师主动适应信息化、人工智能等新技术变革，积极有效开展教育教学。尊师重教蔚然成风，广大教师在岗位上有幸福感、事业上有成就感、社会上有荣誉感，教师成为让人羡慕的职业。

二、着力提升思想政治素质，全面加强师德师风建设

5.加强教师党支部和党员队伍建设。将全面从严治党要求落实到每个教师党支部和教师党员，把党的政治建设摆在首位，用习近平新时代中国特色社会主义思想武装头脑，充分发挥教师党支部教育管理监督党员和宣传引导凝聚师生的战斗堡垒作用，充分发挥党员教师的先锋模范作用。选优配强教师党支部书记，注重选拔党性强、业务精、有威信、肯奉献的优秀党员教师担任教师党支部书记，实施教师党支部书记"双带头人"培育工程，定期开展教师党支部书记轮训。坚持党的组织生活各项制度，创新方式方法，增强党的组织生活活力。健全主题党日活动制度，加强党员教师日常管理监督。推进"两学一做"

学习教育常态化制度化，开展"不忘初心、牢记使命"主题教育，引导党员教师增强政治意识、大局意识、核心意识、看齐意识，自觉爱党护党为党，敬业修德，奉献社会，争做"四有"好教师的示范标杆。重视做好在优秀青年教师、海外留学归国教师中发展党员工作。健全把骨干教师培养成党员，把党员教师培养成教学、科研、管理骨干的"双培养"机制。

配齐建强高等学校思想政治工作队伍和党务工作队伍，完善选拔、培养、激励机制，形成一支专职为主、专兼结合、数量充足、素质优良的工作力量。把从事学生思想政治教育计入高等学校思想政治工作兼职教师的工作量，作为职称评审的重要依据，进一步增强开展思想政治工作的积极性和主动性。

6. 提高思想政治素质。加强理想信念教育，深入学习领会习近平新时代中国特色社会主义思想，引导教师树立正确的历史观、民族观、国家观、文化观，坚定中国特色社会主义道路自信、理论自信、制度自信、文化自信。引导教师准确理解和把握社会主义核心价值观的深刻内涵，增强价值判断、选择、塑造能力，带头践行社会主义核心价值观。引导广大教师充分认识中国教育辉煌成就，扎根中国大地，办好中国教育。

加强中华优秀传统文化和革命文化、社会主义先进文化教育，弘扬爱国主义精神，引导广大教师热爱祖国、奉献祖国。创新教师思想政治工作方式方法，开辟思想政治教育新阵地，利用思想政治教育新载体，强化教师社会实践参与，推动教师充分了解党情、国情、社情、民情，增强思想政治工作的针对性和实效性。要着眼青年教师群体特点，有针对性地加强思想政治教育。落实党的知识分子政策，政治上充分信任，思想上主动引导，工作上创造条件，生活上关心照顾，使思想政治工作接地气、入人心。

7. 弘扬高尚师德。健全师德建设长效机制，推动师德建设常态化长效化，创新师德教育，完善师德规范，引导广大教师以德立身、以德立学、以德施教、以德育德，坚持教书与育人相统一、言传与身教相统一、潜心问道与关注社会相统一、学术自由与学术规范相统一，争做"四有"好教师，全心全意做学生锤炼品格、学习知识、创新思维、奉献祖国的引路人。

实施师德师风建设工程。开展教师宣传国家重大题材作品立项，推出一批让人喜闻乐见、能够产生广泛影响、展现教师时代风貌的影视作品和文学作品，发掘师德典型、讲好师德故事，加强引领，注重感召，弘扬楷模，形成强大正能量。注重加强对教师思想政治素质、师德师风等的监察监督，强化师德考评，体现奖优罚劣，推行师德考核负面清单制度，建立教师个人信用记录，完善诚信承诺和失信惩戒机制，着力解决师德失范、学术不端等问题。

三、大力振兴教师教育，不断提升教师专业素质能力

8. 加大对师范院校支持力度。实施教师教育振兴行动计划，建立以师范院校为主体、高水平非师范院校参与的中国特色师范教育体系，推进地方政府、高等学校、中小学"三位一体"协同育人。研究制定师范院校建设标准和师范类专业办学标准，重点建设一批师范教育基地，整体提升师范院校和师范专业办学水平。鼓励各地结合实际，适时提高师范专业生均拨款标准，提升师范教育保障水平。切实提高生源质量，对符合相关政策规定的，采取到岗退费或公费培养、定向培养等方式，吸引优秀青年踊跃报考师范院校和师范专业。完善教育部直属师范大学师范生公费教育政策，履约任教服务期调整为6年。改革招生制度，鼓励部分办学条件好、教学质量高院校的师范专业实行提前批次录取或采取入校后二次选拔方式，选拔有志于从教的优秀学生进入师范专业。加强教师教育学科建设。教育硕士、教育博士授予单位及授权点向师范院校倾斜。强化教师教育师资队伍建设，在专业发展、职称晋升和岗位聘用等方面予以倾斜支持。师范院校评估要体现师范教育特色，确保师范院校坚持以师范教育为主业，严控师范院校更名为非师范院校。开展师范类专业认证，确保教师培养质量。

9. 支持高水平综合大学开展教师教育。创造条件，推动一批有基础的高水平综合大学成立教师教育学院，设立师范专业，积极参与基础教育、职业教育教师培养培训工作。整合优势学科的学术力量，凝聚高水平的教学团队。发挥专业优势，开设厚基础、宽口径、多样化的教师教育课程。创新教师培养形态，突出教师教育特色，重点培养教育硕士，适度培养教育博士，造就学科知识扎实、专业能力突出、教育情怀深厚的高素质复合型教师。

10. 全面提高中小学教师质量，建设一支高素质专业化的教师队伍。提高教师培养层次，提升教师培养质量。推进教师培养供给侧结构性改革，为义务教育学校侧重培养素质全面、业务见长的本科层次教师，为高中阶段教育学校侧重培养专业突出、底蕴深厚的研究生层次教师。大力推动研究生层次教师培养，增加教育硕士招生计划，向中西部地区和农村地区倾斜。根据基础教育改革发展需要，以实践为导向优化教师教育课程体系，强化"钢笔字、毛笔字、粉笔字和普通话"等教学基本功和教学技能训练，师范生教育实践不少于半年。加强紧缺薄弱学科教师、特殊教育教师和民族地区双语教师培养。开展中小学教师全员培训，促进教师终身学习和专业发展。转变培训方式，推动信息技术与教师培训的有机融合，实行线上线下相结合的混合式研修。改进培训内容，紧密结合教育教学一线实际，组织高质量培训，使教师静心钻研教学，切实提升教学水平。推行培训自主选学，实行培训学分管理，建立培训学分银行，搭建教师培训与学历教育衔接的"立交桥"。建立健全地方教师发展机构和专业培训者队伍，依托现有资源，结合各地实际，逐步推进县级教师发展机构建设与改革，实现培训、教研、电教、科研部门有机整合。继续实施教师国培计划。鼓励教师海外研修访学。

加强中小学校长队伍建设，努力造就一支政治过硬、品德高尚、业务精湛、治校有方的校长队伍。面向全体中小学校长，加大培训力度，提升校长办学治校能力，打造高品质学校。实施校长国培计划，重点开展乡村中小学骨干校长培训和名校长研修。支持教师和校长大胆探索，创新教育思想、教育模式、教育方法，形成教学特色和办学风格，营造教育家脱颖而出的制度环境。

11. 全面提高幼儿园教师质量，建设一支高素质善保教的教师队伍。办好一批幼儿师范专科学校和若干所幼儿师范学院，支持师范院校设立学前教育专业，培养热爱学前教育事业、幼儿为本、才艺兼备、擅长保教的高水平幼儿园教师。创新幼儿园教师培养模式，前移培养起点，大力培养初中毕业起点的五年制专科层次幼儿园教师。优化幼儿园教师培养课程体系，突出保教融合，科学开设儿童发展、保育活动、教育活动类课程，强化实践性课程，培养学前教育师范生综合能力。

建立幼儿园教师全员培训制度，切实提升幼儿园教师科学保教能力。加大幼儿园园长、乡村幼儿园教师、普惠性民办幼儿园教师的培训力度。创新幼儿园教师培训模式，依托高等学校和优质幼儿园，重点采取集中培训与跟岗实践相结合的方式培训幼儿园教师。鼓励师范院校与幼儿园协同建立幼儿园教师培养培训基地。

12. 全面提高职业院校教师质量，建设一支高素质双师型的教师队伍。继续实施职业院校教师素质提高计划，引领带动各地建立一支技艺精湛、专兼结合的双师型教师队伍。加强职业技术师范院校建设，支持高水平学校和大中型企业共建双师型教师培养培训基地，建立高等学校、行业企业联合培养双师型教师的机制。切实推进职业院校教师定期到企业实践，不断提升实践教学能力。建立企业经营管理者、技术能手与职业院校管理者、骨干教师相互兼职制度。

13. 全面提高高等学校教师质量，建设一支高素质创新型的教师队伍。着力提高教师专业能力，推进高等教育内涵式发展。搭建校级教师发展平台，组织研修活动，开展教学研究与指导，推进教学改革与创新。加强院系教研室等学习共同体建设，建立完善传帮带机制。全面开展高等学校教师教学能力提升培训，重点面向新入职教师和青年教师，为高等学校培养人才培育生力军。重视各级各类学校辅导员专业发展。结合"一带一路"建设和人文交流机制，有序推动国内外教师双向交流。支持孔子学院教师、援外教师成长发展。

服务创新型国家和人才强国建设、世界一流大学和一流学科建设，实施好千人计划、万人计划、长江学者奖励计划等重大人才项目，着力打造创新团队，培养引进一批具有国际影响力的学科领军人才和青年学术英才。加强高端智库建设，依托人文社会科学重点研究基地等，汇聚培养一大批哲学社会科学名家名师。高等学校高层次人才遴选和培育中要突出教书育人，让科学家同时成为教育家。

四、深化教师管理综合改革，切实理顺体制机制

14.创新和规范中小学教师编制配备。适应加快推进教育现代化的紧迫需求和城乡教育一体化发展改革的新形势，充分考虑新型城镇化、全面二孩政策及高考改革等带来的新情况，根据教育发展需要，在现有编制总量内，统筹考虑、合理核定教职工编制，盘活事业编制存量，优化编制结构，向教师队伍倾斜，采取多种形式增加教师总量，优先保障教育发展需要。落实城乡统一的中小学教职工编制标准，有条件的地方出台公办幼儿园人员配备规范、特殊教育学校教职工编制标准。创新编制管理，加大教职工编制统筹配置和跨区域调整力度，省级统筹、市域调剂、以县为主，动态调配。编制向乡村小规模学校倾斜，按照班师比与生师比相结合的方式核定。加强和规范中小学教职工编制管理，严禁挤占、挪用、截留编制和有编不补。实行教师编制配备和购买工勤服务相结合，满足教育快速发展需求。

15.优化义务教育教师资源配置。实行义务教育教师"县管校聘"。深入推进县域内义务教育学校教师、校长交流轮岗，实行教师聘期制、校长任期制管理，推动城镇优秀教师、校长向乡村学校、薄弱学校流动。实行学区（乡镇）内走教制度，地方政府可根据实际给予相应补贴。

逐步扩大农村教师特岗计划实施规模，适时提高特岗教师工资性补助标准。鼓励优秀特岗教师攻读教育硕士。鼓励地方政府和相关院校因地制宜采取定向招生、定向培养、定期服务等方式，为乡村学校及教学点培养"一专多能"教师，优先满足老少边穷地区教师补充需要。实施银龄讲学计划，鼓励支持乐于奉献、身体健康的退休优秀教师到乡村和基层学校支教讲学。

16.完善中小学教师准入和招聘制度。完善教师资格考试政策，逐步将修习教师教育课程、参加教育教学实践作为认定教育教学能力、取得教师资格的必备条件。新入职教师必须取得教师资格。严格教师准入，提高入职标准，重视思想政治素质和业务能力，根据教育行业特点，分区域规划，分类别指导，结合实际，逐步将幼儿园教师学历提升至专科，小学教师学历提升至师范专业专科和非师范专业本科，初中教师学历提升至本科，有条件的地方将普通高中教师学历提升至研究生。建立符合教育行业特点的中小学、幼儿园教师招聘办法，遴选乐教适教善教的优秀人才进入教师队伍。按照中小学校领导人员管理暂行办法，明确任职条件和资格，规范选拔任用工作，激发办学治校活力。

17. 深化中小学教师职称和考核评价制度改革。适当提高中小学中级、高级教师岗位比例，畅通教师职业发展通道。完善符合中小学特点的岗位管理制度，实现职称与教师聘用衔接。将中小学教师到乡村学校、薄弱学校任教1年以上的经历作为申报高级教师职称和特级教师的必要条件。推行中小学校长职级制改革，拓展职业发展空间，促进校长队伍专业化建设。

进一步完善职称评价标准，建立符合中小学教师岗位特点的考核评价指标体系，坚持德才兼备、全面考核，突出教育教学实绩，引导教师潜心教书育人。加强聘后管理，激发教师的工作活力。完善相关政策，防止形式主义的考核检查干扰正常教学。不简单用升学率、学生考试成绩等评价教师。实行定期注册制度，建立完善教师退出机制，提升教师队伍整体活力。加强中小学校长考核评价，督促提高素质能力，完善优胜劣汰机制。

18. 健全职业院校教师管理制度。根据职业教育特点，有条件的地方研究制定中等职业学校人员配备规范。完善职业院校教师资格标准，探索将行业企业从业经历作为认定教育教学能力、取得专业课教师资格的必要条件。落实职业院校用人自主权，完善教师招聘办法。推动固定岗和流动岗相结合的职业院校教师人事管理制度改革。支持职业院校专设流动岗位，适应产业发展和参与全球产业竞争需求，大力引进行业企业一流人才，吸引具有创新实践经验的企业家、高科技人才、高技能人才等兼职任教。完善职业院校教师考核评价制度，双师型教师考核评价要充分体现技能水平和专业教学能力。

19. 深化高等学校教师人事制度改革。积极探索实行高等学校人员总量管理。严把高等学校教师选聘入口关，实行思想政治素质和业务能力双重考察。严格教师职业准入，将新入职教师岗前培训和教育实习作为认定教育教学能力、取得高等学校教师资格的必备条件。适应人才培养结构调整需要，优化高等学校教师结构，鼓励高等学校加大聘用具有其他学校学习工作和行业企业工作经历教师的力度。配合外国人永久居留制度改革，健全外籍教师资格认证、服务管理等制度。帮助高等学校青年教师解决住房等困难。

推动高等学校教师职称制度改革，将评审权直接下放至高等学校，由高等学校自主组织职称评审、自主评价、按岗聘任。条件不具备、尚不能独立组织评审的高等学校，可采取联合评审的方式。推行高等学校教师职务聘任制改革，加强聘期考核，准聘与长聘相结合，做到能上能下、能进能出。教育、人力资源社会保障等部门要加强职称评聘事中事后监管。深入推进高等学校教师考核评价制度改革，突出教育教学业绩和师德考核，将教授为本科生上课作为基本制度。坚持正确导向，规范高层次人才合理有序流动。

五、不断提高地位待遇，真正让教师成为令人羡慕的职业

20. 明确教师的特别重要地位。突显教师职业的公共属性，强化教师承担的国家使命和公共教育服务的职责，确立公办中小学教师作为国家公职人员特殊的法律地位，明确中小学教师的权利和义务，强化保障和管理。各级党委和政府要切实负起中小学教师保障责任，提升教师的政治地位、社会地位、职业地位，吸引和稳定优秀人才从教。公办中小学教师要切实履行作为国家公职人员的义务，强化国家责任、政治责任、社会责任和教育责任。

21. 完善中小学教师待遇保障机制。健全中小学教师工资长效联动机制，核定绩效工资总量时统筹考虑当地公务员实际收入水平，确保中小学教师平均工资收入水平不低于或高于当地公务员平均工资收入水平。完善教师收入分配激励机制，有效体现教师工作量和工作绩效，绩效工资分配向班主任和特殊教育教师倾斜。实行中小学校长职级制的地区，根据实际实施相应的校长收入分配办法。

22. 大力提升乡村教师待遇。深入实施乡村教师支持计划，关心乡村教师生活。认真落实艰苦边远地区津贴等政策，全面落实集中连片特困地区乡村教师生活补助政策，依据学校艰苦边远程度实行差别化补助，鼓励有条件的地方提高补助标准，努力惠及更多乡村教师。加强乡村教师周转宿舍建设，按规定将符合条件的教师纳入当地住房保障范围，让乡村教师住有所居。拿出务实举措，帮助乡村青年教师解决困难，关心乡村青年教师工作生活，巩固乡村青年教师队伍。在培训、职称评聘、表彰奖励等方面向乡村青年教师倾斜，优化乡村青年教师发展环境，加快乡村青年教师成长步伐。为乡村教师配备相应设施，丰富精神文化生活。

23. 维护民办学校教师权益。完善学校、个人、政府合理分担的民办学校教师社会保障机制，民办学校应与教师依法签订合同，按时足额支付工资，保障其福利待遇和其他合法权益，并为教师足额缴纳社会保险费和住房公积金。依法保障和落实民办学校教师在业务培训、职务聘任、教龄和工龄计算、表彰奖励、科研立项等方面享有与公办学校教师同等权利。

24. 推进高等学校教师薪酬制度改革。建立体现以增加知识价值为导向的收入分配机制，扩大高等学校收入分配自主权，高等学校在核定的绩效工资总量内自主确定收入分配办法。高等学校教师依法取得的科技成果转化奖励收入，不纳入本单位工资总额基数。完善适应高等学校教学岗位特点的内部激励机制，对专职从事教学的人员，适当提高基础性绩效工资在绩效工资中的比重，加大对教学型名师的岗位激励力度。

25. 提升教师社会地位。加大教师表彰力度。大力宣传教师中的"时代楷模"和"最美教师"。开展国家级教学名师、国家级教学成果奖评选表彰，重点奖励贡献突出的教学一线教师。做好特级教师评选，发挥引领作用。做好乡村学校从教30年教师荣誉证书颁发工作。各地要按照国家有关规定，因地制宜开展多种形式的教师表彰奖励活动，并落实相关优待政策。鼓励社会团体、企事业单位、民间组织对教师出资奖励，开展尊师活动，营造尊师重教良好社会风尚。

建设现代学校制度，体现以人为本，突出教师主体地位，落实教师知情权、参与权、表达权、监督权。建立健全教职工代表大会制度，保障教师参与学校决策的民主权利。推行中国特色大学章程，坚持和完善党委领导下的校长负责制，充分发挥教师在高等学校办学治校中的作用。维护教师职业尊严和合法权益，关心教师身心健康，克服职业倦怠，激发工作热情。

六、切实加强党的领导，全力确保政策举措落地见效

26. 强化组织保障。各级党委和政府要满腔热情关心教师，充分信任、紧紧依靠广大教师。要切实加强领导，实行一把手负责制，紧扣广大教师最关心、最直接、最现实的重大问题，找准教师队伍建设的突破口和着力点，坚持发展抓公平、改革抓机制、整体抓质量、安全抓责任、保证抓党建，把教师工作记在心里、扛在肩上、抓在手中，摆上重要议事日程，细化分工，确定路线图、任务书、时间表和责任人。主要负责同志和相关责任人要切实做到实事求是、求真务实，善始善终、善作善成，把准方向、敢于担当，亲力亲为、抓实工作。

各省、自治区、直辖市党委常委会每年至少研究一次教师队伍建设工作。建立教师工作联席会议制度，解决教师队伍建设重大问题。相关部门要制定切实提高教师待遇的具体措施。研究修订教师法。统筹现有资源，壮大全国教师工作力量，培育一批专业机构，专门研究教师队伍建设重大问题，为重大决策提供支撑。

27. 强化经费保障。各级政府要将教师队伍建设作为教育投入重点予以优先保障，完善支出保障机制，确保党和国家关于教师队伍建设重大决策部署落实到位。优化经费投入结构，优先支持教师队伍建设最薄弱、最紧迫的领域，重点用于按规定提高教师待遇保障、提升教师专业素质能力。加大师范教育投入力度。健全以政府投入为主、多渠道筹集教育经费的体制，充分调动社会力量投入教师队伍建设的积极性。制定严格的经费监管制度，规范经费使用，确保资金使用效益。

各级党委和政府要将教师队伍建设列入督查督导工作重点内容，并将结果作为党政领导班子和有关领导干部综合考核评价、奖惩任免的重要参考，确保各项政策措施全面落实到位，真正取得实效。

附录3 关于高校人事编制管理现状的问卷调查（1）

非常不符合	不符合	比较不符合	不一定	比较符合	符合	非常符合
1	2	3	4	5	6	7

题项（略掉人口统计因素题项）	1	2	3	4	5	6	7
1. 我觉得高校的编制非常重要，很有身份感	1	2	3	4	5	6	7
2. 我认为编制管理会使人在职位、职级、甚至身份的跨越中，得到自身的提高，会很有成就感	1	2	3	4	5	6	7
3. 我会觉得没有编制压力会更大，在教学科研工作上要更加努力	1	2	3	4	5	6	7
4. 我会觉得有编制会让人很有安全感，不需要过多的努力和进取	1	2	3	4	5	6	7
5. 我们学校的教师工作繁重，授课任务重，比如我所在的学院就迫切需要增添专任教师	1	2	3	4	5	6	7
6. 我们学校的职能部门，如行政管理部门基层行政岗位人员工作非常繁重，人手不够	1	2	3	4	5	6	7
7. 我们学校的教辅部门（如部分后勤相关部门、图书馆等）人浮于事，很多岗位非常轻松	1	2	3	4	5	6	7
8. 我们学校的人事编制管理的决定权在于政府主管部门，审批手续繁琐、决策周期长、缺乏效率	1	2	3	4	5	6	7
9. 我觉得我的能力和特质与目前所在的工作岗位基本上是相适合的，尽管有时候工作有一定的难度，但是很少有力不从心的时候	1	2	3	4	5	6	7
10. 我们学校目前的人事编制管理，对于各级职称人数的控制严格，让我感觉相对于前几年或更早期来说高校职称的上升渠道更为艰难	1	2	3	4	5	6	7
11. 据我个人的情况加上对周围同事情况的了解，人事编制分级分类管理能起到一定的激励作用，让我们更有压力，大家都希望通过不断努力，获取职称职级的提升	1	2	3	4	5	6	7
12. 据我个人的情况加上对周围同事情况的了解，人事编制分级分类管理制定的标准太高，上升阻力太大，很多高校教师干	1	2	3	4	5	6	7

脆放弃职称与职级的晋升							
13. 为了职位与职级的提升，我积极申请课题，撰写论文，开展科研工作，目前我已有在研的厅省级以上课题1项以上	1	2	3	4	5	6	7
14. 人事编制分级分类管理使我加大了教学工作的精力，如为了职级的提升，我加大教学工作投入力度	1	2	3	4	5	6	7
15. 我感觉高校教师有编制，是一份没有太多危机意识的工作随着年龄的增长，家庭事务越来越多，照顾孩子与关注年迈父母要投入更多的精力，我只想完成本职工作，没有太多进取努力的想法	1	2	3	4	5	6	7
16. 科研和教学工作中，我总是能为成功完成工作而保持高度的热情和付出额外的努力	1	2	3	4	5	6	7
17. 在学院的教学和科研团队中，我自愿做一些不属于自己职责范围内的工作	1	2	3	4	5	6	7
18. 不管是自我评价还是他人评价中，我都是一个愿意帮助他人，并善于合作的人	1	2	3	4	5	6	7
19. 我能遵守学院与学校的规定和程序	1	2	3	4	5	6	7
20. 不管什么时候，我都赞同、支持和维护学院与学校的目标	1	2	3	4	5	6	7
21. 我校人事部门在涉及很多人事管理决策性问题时，如人员引进、职称晋升等，需要报批高校政府主管部门，感觉程序非常复杂，时间周期较长	1	2	3	4	5	6	7
22. 我校人事部门在涉及很多人事管理决策性问题，需要报批高校政府主管部门，感觉相关部门不会依据各高校的特殊情况和差异进行酌情处理，缺乏灵活性	1	2	3	4	5	6	7
23. 我对学校的人事编制管理法规非常熟悉	1	2	3	4	5	6	7
24. 我们学校的人事编制管理法规是完善和科学的	1	2	3	4	5	6	7

附录4　关于高校人事编制管理现状的问卷调查（2）

您好，感谢您成为全国教育规划课题教育部重点课题"高校人事编制管理研究：国际经验、发展趋势与中国选择"专家组成员，本调查的目的是运用德尔菲法构建测量高校教师工作心理需求的问卷，请各位专家对此问卷提出建议，所有回答都会匿名，并进行整理、归纳、统计，再匿名反馈给各位专家，再次征求意见，再集中，再反馈，最后得到一致的意见。

本课题意图以SDT理论为指导，即自主(autonomy)、胜任(competence)和关联(relatedness)三种基本心理需要是个体心理成长、内化和心理健康必备的条件，构建高校教师工作需求层次模型。如附图1所示，自主需要指个体体验到依据自己的意志和选择从事活动的心理自由感；胜任需要指个体体验到对自己所处环境的掌控和能力发展的感觉；关联需要指个体体验到与别人联系，爱和关爱他人以及被爱和被关爱的感觉。工作需求按基本需要、成长需要、成就需要三个层级分布，分别影响职业进入、工作满意、职业幸福感，其中基本需要包括工作自由、能力所及、归属感，成长需要包括工作自主、个人发展、组织认同，成就需要包括自由创新、学术建树、声誉追求。工作需求的满足从低层基本需要过渡到高层成就需要。

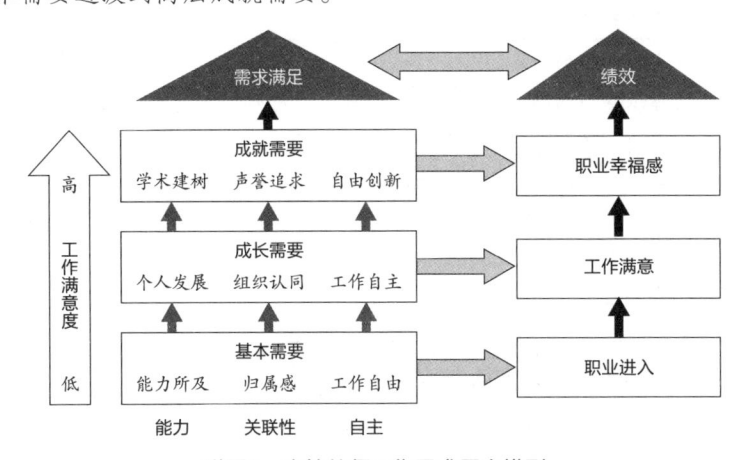

附图1　高校教师工作需求层次模型

本研究的高校教师工作需求层次模型问卷主要基于Sheldon（2012）开发的BMPN量表，并根据附图1所示的项目，进行了一些删除、添加和修改。具体如下：

第一部分，人口统计学信息，包括年龄、性别、学历、专业领域、职称、所在高校类型等。（此部分略）

第二部分，由9个问题组成，如附表1所示，询问受访者关于高校教师的工作会有哪些心理需求，题目选项为"是"或"否"两个。

第三部分，由两个开放式问题，要求受访者列出高校教师的工作需求但未在前面的9个问题中列出，并解释原因。

第四部分，由27个封闭式问题组成，如附表2所示，要求受访者对其工作心理需求的满足情况进行评分。问题设计采用李克特七级量表，从非常不符合到非常符合7个等级。

附表1　高校教师工作需求层次模型问卷表（第二、三部分）

题目	选项	
1. 高校教师会有自由支配工作与生活的需求。	对	错
2. 高校教师会希望工作在自己能力所及的范围。	对	错
3. 高校教师会有归属感的需求。	对	错
4. 高校教师会有自主工作的需求。	对	错
5. 高校教师会有个人发展的需求。	对	错
6. 高校教师会有组织认同的需求。	对	错
7. 高校教师会有自由创新的需求。	对	错
8. 高校教师会有学术建树的需求。	对	错
9. 高校教师会有获取学术声誉的需求。	对	错

题目	原因
10. 我觉得高校教师除了以上的需求，还有其他的心理需求，如 ＿＿＿＿＿＿＿＿＿＿	
11. 我觉得高校教师除了以上的需求，还有其他的心理需求，如 ＿＿＿＿＿＿＿＿＿＿	

附表2　高校教师工作需求层次模型问卷表（第四部分）

非常不符合	不符合	比较不符合	不一定	比较符合	符合	非常符合
1	2	3	4	5	6	7

题目	选项						
工作自由							
1. 我觉得我可以决定如何过我的生活	1	2	3	4	5	6	7
2. 我觉得平常的情况下我可以做我自己	1	2	3	4	5	6	7
3. 我可以自由支配工作时间	1	2	3	4	5	6	7
4. 我有足够长并可以自由支配的假期时间	1	2	3	4	5	6	7
能力所及							
1. 我的能力适合自己现在的工作	1	2	3	4	5	6	7
2. 认识我的人告诉我我擅长自己的工作	1	2	3	4	5	6	7
3. 工作中我有机会展示我的能力	1	2	3	4	5	6	7
4. 我喜欢高校的教学与科研工作	1	2	3	4	5	6	7
5. 工作中我不是感觉特别有压力	1	2	3	4	5	6	7
归属感							
1. 我觉得我的工作让我有一些社会交往如学生、同事	1	2	3	4	5	6	7
2. 工作中我觉得自己是群体的一部分	1	2	3	4	5	6	7
3. 我的工作让我有安全感，不用过于担心失业再就业	1	2	3	4	5	6	7
4. 我喜欢和学生在一起	1	2	3	4	5	6	7
5. 我喜欢和同事在一起	1	2	3	4	5	6	7
6. 认识我的人会觉得我属于一个固定群体	1	2	3	4	5	6	7
自主工作							
1. 在工作中，我可以做我喜欢做的事情	1	2	3	4	5	6	7
2. 我每天与之互动的人往往会考虑我的感受	1	2	3	4	5	6	7
3. 对于工作中的问题，我通常可以自由地表达我的想法并提出意见	1	2	3	4	5	6	7
4. 我有机会决定工作中如何做事情	1	2	3	4	5	6	7
个人发展							
1. 我会觉得自己能胜任自己的工作	1	2	3	4	5	6	7
2. 我最近已经学会了有趣的新技能	1	2	3	4	5	6	7

3. 我欣喜于工作中不断努力取得的进步	1	2	3	4	5	6	7
4. 我欣喜于职业中的学习机会，如学历提升等	1	2	3	4	5	6	7
5. 我欣喜于职业中的发展机会，如职称晋升等	1	2	3	4	5	6	7
组织认同							
1. 我的学生对我的工作很认同	1	2	3	4	5	6	7
2. 我的同事对我的工作很认同	1	2	3	4	5	6	7
3. 我的上级对我的工作很认同	1	2	3	4	5	6	7
4. 我觉得自己工作很有意义	1	2	3	4	5	6	7
5. 我所在的组织会觉得我的工作有意义	1	2	3	4	5	6	7
自由创新							
1. 在选择自己的研究方向中，我有很多自由	1	2	3	4	5	6	7
2. 在科研项目的开展中，我有很多自主权	1	2	3	4	5	6	7
3. 对于科研工作中的问题，我通常可以自由地表达我的想法并提出意见	1	2	3	4	5	6	7
学术建树							
1. 我形成了自己的研究领域	1	2	3	4	5	6	7
2. 我在我的研究领域里取得了一定的成绩	1	2	3	4	5	6	7
3. 我从我的科研工作中感觉到成就感	1	2	3	4	5	6	7
声誉形成							
1. 其他院和部门的老师会因为我的教学成绩或科研成果认识我	1	2	3	4	5	6	7
2. 一些小、中型学术研讨会上有其他高校的老师因为我的科研成果认识我	1	2	3	4	5	6	7
3. 我的研究成果在国内甚至国际都有一定的知名度	1	2	3	4	5	6	7

现需要您在这几方面您提出宝贵意见：

（1）本研究认为高校教师的需求由基本需求、成长需求、成就需求构成，这个提法合理吗？如有其他的需求，请补充。

（2）本研究认为高校教师的基本需求由工作自由、力所能及、归属感构成，这个提法合理吗？还有其他的基本需求吗？请补充。问卷设计的问题合理吗？如果认为需要添加新的问题来测量工作自由、力所能及、归属感三个维度，请写在附表2后面相关的题号里。

（3）本研究认为高校教师的成长需求由工作自主、个人发展、组织认同构成，这个提法合理吗？还有其他的成长需求吗？请补充。问卷设计的问题合理吗？如果认为需要添加新的问题来测量工作自主、个人发展、组织认同三个维度，请写在附表2后面相关的题号里。

（4）本研究认为高校教师的成就需求由工作自由、力所能及、归属感构成，这个提法合理吗？还有其他的成就需求吗？请补充。问卷设计的问题合理吗？如果认为需要添加新的问题来测量自由创新、学术建树、声誉形成三个维度，请写附表2后面的题号里。

附录5 高校人事编制管理激励机制探索问卷

非常不符合	不符合	比较不符合	不一定	比较符合	符合	非常符合
1	2	3	4	5	6	7

题 目	选 项
人力资源管理实践	
人员甄选	
1. 我所在的高校在努力选择合适的人	1 2 3 4 5 6 7
2. 我所在的高校强调员工长期潜力	1 2 3 4 5 6 7
3. 我所在的高校非常重视人员配置过程	1 2 3 4 5 6 7
4. 我所在的高校在人员甄选上做了非常广泛的努力	1 2 3 4 5 6 7
晋升机制	
1. 感觉在我们学校没有任何未来	1 2 3 4 5 6 7
2. 我所在的高校向上晋升的机会很少	1 2 3 4 5 6 7
3. 我所在的高校晋升以资历为依据	1 2 3 4 5 6 7
4. 我们学校的教师有明确的职业晋升通道	1 2 3 4 5 6 7
岗位工作设计	
1. 我的工作具挑战性	1 2 3 4 5 6 7
2. 我可以自主完成工作任务	1 2 3 4 5 6 7
3. 我能够熟练地做许多不同的工作,而不仅仅是一项特定的工作	1 2 3 4 5 6 7
4. 我有机会学习新事物	1 2 3 4 5 6 7
5. 我的工作中有很多变化	1 2 3 4 5 6 7
薪酬和认同	
1. 我所在的高校当教师有高质量的工作产出时,他们被会积极地认可	1 2 3 4 5 6 7
2. 我所在的高校薪酬很高	1 2 3 4 5 6 7
3. 与其他高校相比,我所在的高校提供了良好的福利	1 2 3 4 5 6 7
4. 我所在的高校既强调个人成就,也突出团队合作	1 2 3 4 5 6 7
5. 我所在的高校提供了很好的晋升机会	1 2 3 4 5 6 7

绩效管理							
1.我所在的高校的绩效考核通常以客观的可量化结果来衡量	1	2	3	4	5	6	7
2.我所在的高校绩效评估强调长期性的成果	1	2	3	4	5	6	7
3.我所在的高校绩效评估基于团队的成就	1	2	3	4	5	6	7
工作安全							
1.我所在的高校教师可以做到想呆多久就呆多久	1	2	3	4	5	6	7
2.我所在的高校教师几乎都有工作保障	1	2	3	4	5	6	7
工作需求							
工作自由							
1.我觉得我可以决定如何过我的生活	1	2	3	4	5	6	7
2.我觉得平常的情况下我可以做我自己	1	2	3	4	5	6	7
3.我可以自由支配工作时间	1	2	3	4	5	6	7
4.我有足够长并可以自由支配的假期时间	1	2	3	4	5	6	7
5.我可以做我愿意做的事情	1	2	3	4	5	6	7
能力所及							
1.我的能力适合自己现在的工作	1	2	3	4	5	6	7
2.认识我的人告诉我我擅长自己的工作	1	2	3	4	5	6	7
3.工作中我不是很有机会展示我的能力	1	2	3	4	5	6	7
4.工作中我感觉不是特别有压力	1	2	3	4	5	6	7
归属感							
1.我觉得我的工作让我有一些社会交往如学生或同事	1	2	3	4	5	6	7
2.工作中我觉得自己是群体的一部分	1	2	3	4	5	6	7
3.我的工作让我有安全感,不用过于担心失业再就业	1	2	3	4	5	6	7
4.我喜欢和学生与同事在一起	1	2	3	4	5	6	7
5.认识我的人会觉得我属于一个固定群体(高校教师)	1	2	3	4	5	6	7
自主工作							
1.在工作中,我可以做我喜欢做的事情	1	2	3	4	5	6	7
2.我每天与之互动的人往往会考虑我的感受	1	2	3	4	5	6	7
3.对于工作中的问题,我通常可以自由地表达我的想法并提出意见	1	2	3	4	5	6	7
4.我有机会决定工作中如何做事情	1	2	3	4	5	6	7

个人发展							
1. 我会觉得自己能胜任自己的工作	1	2	3	4	5	6	7
2. 我最近已经学会了有趣的新技能	1	2	3	4	5	6	7
3. 我欣喜于工作中不断努力取得的进步，	1	2	3	4	5	6	7
4. 我欣喜于职业中的学习机会，如学历提升等	1	2	3	4	5	6	7
5. 我欣喜于职业中的发展机会，如职称晋升等	1	2	3	4	5	6	7
组织认同							
1. 我的学生对我的工作很认同	1	2	3	4	5	6	7
2. 我的同事对我的工作很认同	1	2	3	4	5	6	7
3. 我的上级对我的工作很认同	1	2	3	4	5	6	7
4. 我觉得自己工作很有意义	1	2	3	4	5	6	7
5. 我所在的组织会觉得我的工作有意义	1	2	3	4	5	6	7
自由创新							
1. 在选择自己的研究方向中，我有很多的自由	1	2	3	4	5	6	7
2. 在科研项目的开展中，我有很多自主权	1	2	3	4	5	6	7
3. 对于科研工作中的问题，我通常可以自由地表达我的想法并提出意见	1	2	3	4	5	6	7
4. 关于教学如何开展，我有很多自主权	1	2	3	4	5	6	7
学术建树							
1. 我形成了自己的研究领域	1	2	3	4	5	6	7
2. 我在我的研究领域里取得了一定的成绩	1	2	3	4	5	6	7
3. 我从我的科研工作中感觉到成就感	1	2	3	4	5	6	7
声誉形成							
1. 其他院和部门的老师会因为我的教学成绩或科研成果认识我	1	2	3	4	5	6	7
2. 一些小、中型学术研讨会上有其他高校或研究机构的老师因为我的科研成果认识我	1	2	3	4	5	6	7
3. 我的研究成果在国内甚至国际都有一定的知名度	1	2	3	4	5	6	7
教师绩效							
1. 你的同事会给你的整体绩效表现进行评级	1	2	3	4	5	6	7
2. 你给自己的科研绩效表现进行评级（根据发表论文的质量与数量以及立项课题的数量与等级）	1	2	3	4	5	6	7
3. 你给自己的教学绩效表现进行评级（根据教学综合考评的等级、指导学生参赛以及教材的编写）	1	2	3	4	5	6	7